ELLORA HAONNE

POR TODAS NÓS

astral cultural

Este livro foi revisado segundo o Novo Acordo Ortográfico da Língua Portuguesa.

Editora responsável Tainã Bispo
Capa Agência MOV
Fotos Rodrigo Takeshi
Ilustrações Ellora Haonne e Shutterstock Images

Alguns nomes foram trocados para preservar a identidade dos referidos.
Verbetes retirados e adaptados de: DICIO *<www.dicio.com.br>. Acesso em: 12/05/2018. Dicionário Aurélio <www.dicionariodoaurelio.com>. Acesso em: 12/05/2018. Dicionário Informal <www.dicionarioinformal.com.br>. Acesso em: 12/05/2018. Significados <www.significados.com.br>. Acesso em: 12/05/2018. Dicionário Michaelis © 2015 Editora Melhoramentos Ltda.*

Dados Internacionais de Catalogação na Publicação (CIP)
Angélica Ilacqua CRB-8/7057

H225p
Haonne, Ellora
Por todas nós : conselhos que não recebi sobre luta, amor e ser mulher / Ellora Haonne. — Bauru, SP : Astral Cultural, 2018.
160 p. : il.

ISBN: 978-85-8246-754-1

1. Autoestima em mulheres 2. Empoderamento feminino 3. Feminismo I. Título

18-0470

CDD 305.42

Índice para catálogo sistemático:
1. Mulheres - Amor-próprio : Feminismo 305.42

astral cultural
ASTRAL CULTURAL É A DIVISÃO LIVROS DA EDITORA ALTO ASTRAL

BAURU
Rua Gustavo Maciel, 19-26
CEP 17012-110
Telefone: (14) 3235-3878
Fax: (14) 3235-3879

SÃO PAULO
Rua Tenerife, 31 - Conj. 21 e 22
CEP 04548-904
Telefone/Fax: (11) 3048-2900

E-mail: contato@astralcultural.com.br

Escrito e ilustrado por

Ellora Haonne

CAPÍTULO

1

Eu e você

ACHO QUE AS PRIMEIRAS PÁGINAS DE UM LIVRO SÃO DECISIVAS. SÃO NESSAS LINHAS EM QUE EU BATO O OLHO para ver se o livro me ganha, se sinto que ele foi escrito para mim e o destino fez a gentileza de colocá-lo em meu caminho.

Talvez isso justifique meu frio na barriga agora. Eu sei que você está aí, com os olhos atentos e a cabeça cheia de curiosidade para entender o que pode aprender comigo e com todas essas letras.

Eu só posso adiantar que se você espera a história de uma super-mulher-CEO-da-maior-rede-de-bebidas-do-mundo-mãe-exemplar-boa-pessoa-esposa-ideal-sempre-em-cima-do-salto, este é o livro errado. Sério.

Eu mal sei fazer regra de três e só de pensar em falar em público, como em uma sala de aula, meu coração acelera. Eu ainda sofro toda vez que vou dizer "não" para o meu pai, não tenho ideia se escolhi a faculdade certa e estou de ressaca neste exato momento. Eu sou uma garota totalmente normal.

{ EU ACHO ISSO MUITO MAIS LEGAL. }

ANOTAÇÕES

Pensamento livre

....

....

....

....

....

....

eu e você

Durante toda a vida me venderam a ideia de que para ser um mulherão-da-porra eu tinha que ter uma vida acadêmica impecável, estabilidade financeira, um discurso brilhante, firmeza para falar em público, um cabelo sedoso, pernas perfeitamente depiladas, um olhar penetrante... E, é claro, ser uma excelente dona de casa, saber cozinhar, estar sempre maquiada e com a roupa da moda. Me disseram que eu tinha que ser um copo cheio até conhecer alguém que me transbordasse.

Sério, se você conhecer essa mulher, por favor, me apresente, devo ter umas mil perguntas para fazer a ela.

E a grande verdade é que eu não quero mais ser essa mulher.

Eu quero ver beleza no meu jeitinho bagaceira e cabelo sempre despenteado, me sentir confortável com e sem maquiagem e não ficar pensando em como eu vou me comportar cada vez que conheço alguém. Só quero ficar de boa, me entender de vez, sei lá.

E HOJE EU ACHO ISSO HUMANAMENTE IMPOSSÍVEL. ACHO NÃO, TENHO CERTEZA.

NÃO QUERO PASSAR UMA IMAGEM. EU SÓ QUERO SER.

a-cre-di-tar

Crer; admitir como verdadeiro; aceitar como real; convencer-se da existência de alguma coisa; confiar; ter confiança. Ter grandes chances de acontecer.

EU ADORARIA PODER OFERECER UM MANUAL DE COMO MAGICAMENTE SE AMAR EM DEZ PASSOS E ELIMINAR PARA SEMPRE SUAS INSEGURANÇAS. MAS EU NÃO ACREDITO NESSAS COISAS.

Prefiro acreditar em pessoas. Acreditar em dar um passo de cada vez e sentir o retorno. Acreditar em estar disposta a mudanças. Acreditar em maturidade. Acreditar em gente que acha que pode fazer alguma coisa do bem. Acreditar em profundidade. Acreditar com todas as células do meu corpo. Acreditar com o coração.

Tudo o que eu posso oferecer são alguns depoimentos, meus pensamentos e muitos devaneios. O que sinto e traduzo em palavras aqui.

Quando compartilho uma insegurança, medo ou experiência com outra mulher, quando verbalizo meus demônios e vejo que não estou sozinha, é como se aos poucos toda aquela dor se diluísse. E, por outro lado, quando eu conto um sonho, meta ou realização e recebo apoio de volta, vejo que não é impossível, deixo de me sentir maluca para me sentir capaz.

Compartilhar é terapêutico. Acho que é por isso que nós duas estamos aqui: quanto mais eu falo de mim, mais você descobre sobre você.

com-par-ti-lhar

Tomar partido em; fazer parte de algo com alguém; dividir; partilhar ou repartir.

OBRIGADA POR ESTAR AQUI.
POR TROCAR COMIGO.
ESCREVEREMOS ISTO
JUNTAS.

MOMENTO *interativo*

FALANDO EM EXPECTATIVA E REALIDADE...

Para começarmos isso, me conte: quais são as coisas que te ensinaram ou esperavam de você? Quais delas você já jogou ou quer jogar fora? E o mais importante: quais são as coisas que você é ou quer para si mesma de verdade?

Eu começo a lista e te convido a continuar a sua. Se você ainda não se sente pronta para completar a segunda coluna, deixe em branco. E volte a ela depois de um tempo. Você não é obrigada a ter qualquer certeza. Ninguém é! Mas é importante pensar nas expectativas que você quer ou não atender. São elas que vão te guiar pelo caminho da sua verdade, da sua essência e do seu coração. Quem diria: a expectativa alheia pode ser sua amiga, afinal.

O QUE *esperam* DE MIM

1. Aceitar. Qualquer coisa.
2. Carteira assinada.
3. Beleza a qualquer preço.
4.
5.
6.
7.
8.
9.
10.

COMO *eu sou* DE VERDADE

1. Questiono. Tudo.
2. Empreendedora.
3. Meu corpo, minha escolha.
4.
5.
6.
7.
8.
9.
10.

A MULHER

perfeita

É A MULHER

QUE

VOCÊ É

A MULHER PERFEITA
É A MULHER QUE VOCÊ FOI.

A MULHER PERFEITA
É A MULHER QUE VOCÊ SONHA SER.

A MULHER PERFEITA
NÃO É PERFEITA.

A MULHER PERFEITA
É ÚNICA.

PORQUE SÓ EXISTE UMA DE VOCÊ.

USE ISSO A SEU FAVOR.

CAPÍTULO

2

Corpos são

TODA VEZ QUE OUÇO UMA MULHER FALANDO SOBRE O PRÓPRIO CORPO, É COMO SE FOSSE ALGO À PARTE DELA, UMA ENTIDADE COM A QUAL ELA NÃO SE identifica. É como se cada mulher se sentisse representada somente por sua personalidade, seu espírito... e, por alguma razão, o corpo fosse alheio a ela. Falam do próprio corpo como se fosse um de seus pertences. Corpo não é algo que a gente tem, é o que a gente é. Não existe uma você sem o seu corpo. Seu corpo, suas ideias, vontades, jeitinho de correr ou de passar a mão no cabelo, tudo isso forma quem você é. Você é pura matéria orgânica e isso é mágico.

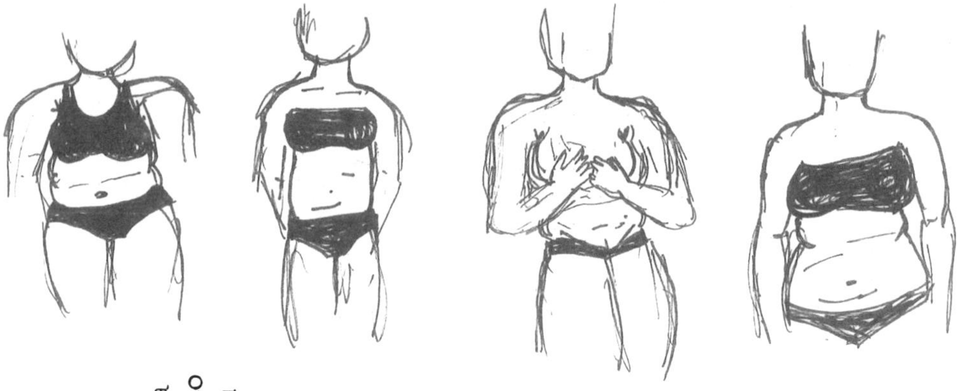

ob-je-ti-fi-ca-ção
Processo que atribui ao ser humano a natureza de um objeto material, tratando-o como um objeto ou coisa; coisificação. Mulheres lutam pelo fim da objetificação do corpo feminino.

O corpo da mulher sempre foi motivo de polêmica. Até o século XIX, uma mulher se limitava ao seu corpo, principalmente à sua vagina e aos seus órgãos reprodutores. Era como se a mulher fosse tão imprevisível intelectual e emocionalmente que seu único benefício para a sociedade seria seu corpo, para o prazer sexual do homem ou para reprodução. Todo resto era descartado. A objetificação da mulher é tão real que os homens realmente se referiam a nós, mulheres, como um de seus pertences até poucas décadas atrás.

{ É POR ISSO QUE TEMOS A IMPRESSÃO DE QUE AS MULHERES SÃO MAIS VAIDOSAS QUE OS HOMENS }

INSPIRADO NO @PROJETOMULHERESREAIS

É uma herança histórica da valorização do corpo. Sabemos o peso que a nossa aparência tem quando vamos para qualquer lugar. Ainda sentimos que a nossa maior função é ser bonita. Tapamos nossos poros, arrancamos nossos pelos à força, deixamos nossos pés doloridos por conta do salto e não temos coragem de questionar nenhum desses rituais.

APRENDI ISSO NA PELE, NOS OSSOS, NO ESTÔMAGO E NOS DENTES. EU TIVE BULIMIA E ANOREXIA DURANTE MINHA ADOLESCÊNCIA E ATÉ HOJE SINTO UM NÓ NA GARGANTA AO FALAR SOBRE ISSO PORQUE RELEMBRO A ANGÚSTIA QUE EU TINHA EM RELAÇÃO AO MEU CORPO.

Me sentia constantemente insuficiente. Correndo contra o tempo para emagrecer na infinita tentativa de me sentir boa o bastante para ser atraente. Roubando no jogo imaginário que eu jogava contra mim mesma. Condenando a minha saúde e a minha sanidade mental a um castigo. Porque eu realmente acreditava que merecia algum tipo de punição, só por não ter um corpo "perfeito".

Tinha urgência para emagrecer e a cada dia que comia mais de 500 calorias (aproximadamente ¼ do que um ser humano precisa minimamente para sobreviver) era um dia mais longe do corpo almejado. Garotas bonitas não comem* e eu me sentia uma fracassada toda vez que colocava algo na boca.

Vivia fazendo planos para "quando eu tivesse o tal corpo", como se toda a minha vida só fosse começar depois de ver o número "certo" de quilos na balança.

*Mensagem que uma garota de 11 anos deixou antes de se suicidar por não aceitar a própria aparência.

ENQUANTO ISSO, A VIDA ACONTECIA: PERDI FESTAS, PERDI VIAGENS, A ALEGRIA DE USAR AS ROUPAS QUE EU QUERIA E ME SENTIR BEM, PERDI SABORES, PERDI A OPORTUNIDADE DE CONHECER PESSOAS E AMÁ-LAS PORQUE EU NÃO ME PERMITIA SER FELIZ SEM ATENDER ÀS EXIGÊNCIAS IMPOSSÍVEIS DO MUNDO E DA MINHA MENTE. ESSES DIAS DOURADOS NÃO VÃO VOLTAR. E EU PERMITI QUE ELES ME ESCAPASSEM. NÃO ENTRE NESSA.

PROCURE AJUDA PSICOLÓGICA. VALE MUITO A PENA E MUITOS PROFISSIONAIS OFERECEM ATENDIMENTO GRATUITO!

Me sentia completamente distanciada de qualquer rapaz mais bonito pois — no meu julgamento — ele jamais ficaria com uma garota como eu. Eu não fazia ideia da minha real aparência, vivia me escondendo de mim mesma. Só a ideia de me ver nua me deixava apavorada. Eu sempre inventava uma desculpa, até para não ir à praia (mesmo morando a 10 minutos do mar!).
Já enfiei a cabeça no vaso, fiquei dias sem comer e até hoje me pego fazendo equivalências entre valores calóricos, do tipo *"600g de brócolis equivalem caloricamente a 40g de M&M"*.

TODA VEZ QUE EU CONTO ISSO PARA ALGUÉM, EU LEIO NOS OLHOS DA PESSOA TODAS AQUELAS INTERROGAÇÕES.

Sei que nada disso faz sentido se você nunca teve um transtorno alimentar ou nem se sentiu minimamente vulnerável a ele. Mas é importante mencionar que esse é um dos tantos desequilíbrios emocionais que a cultura da beleza nos causa. Além de anorexia e bulimia nervosa, temos vigorexia, ortorexia... Sem contar os casos de ansiedade e depressão causados pela baixa autoestima.

ANOTAÇÕES

Pensamento livre

....

....

....

....

....

....

....

....

....

....

Dizem que é difícil parar de fumar quando se vive com fumantes. Imagine como é superar um transtorno alimentar considerando que seu maior inimigo é a comida e todas as pessoas precisam comer, todos os dias, várias vezes por dia, incluindo você e eu.

Ou quando você odeia profundamente seu próprio corpo a ponto de não suportar o fato de ter que lidar e conviver com ele (e, consequentemente, com você, porque, como combinamos ali em cima, somos uma coisa só). Não dá para fugir do seu corpo.

NÃO DÁ PARA ENXERGAR SEU CORPO *como uma prisão.*

É aterrorizante. É ainda pior como naturalizamos isso. Como mencionamos que "não existe mulher satisfeita", "o que você mudaria no seu corpo" ou "toda mulher quer perder uns quilinhos". Quem nunca fez uma dieta para um casamento, festa ou viagem por insegurança do corpo atual?

É TRISTE COMO ATÉ NÓS, UMAS COM AS OUTRAS, VIVEMOS PENSANDO ISSO. OU PIOR: AVALIANDO O CORPO UMAS DAS OUTRAS, COMENTANDO NEGATIVAMENTE OU DEBOCHANDO.

Quando você diminui uma mulher, principalmente em relação ao seu corpo, você reproduz o que aqueles caras faziam no século passado: a tratam como um objeto e a limitam a um corpo, a uma aparência física.

Por isso é importante elogiar outras mulheres, inclusive (mas não somente!) sua aparência.

Eu melhorei muito depois de ter consciência de tudo isso. Parei de me sentir vulnerável e entendi que a culpa não era minha: essa é uma questão social, uma imposição de padrão impossível e todas as mulheres estão sujeitas a sofrerem com a pressão estética.

A CONFIANÇA É

fundamental

PARA NOSSA

LUTA

Então, sim.

Eu sei o que é odiar o próprio corpo. Eu sei como é querer ter nascido no corpo de outra pessoa só para nunca mais ter que me ver de novo. E se você também sente isso, deixa eu te contar uma coisa aqui, bem rapidinho:

NÃO EXISTE ESSE NEGÓCIO DE CORPO IDEAL. SÉRIO.

Não existe esse momento em que você vai acordar e, magicamente, ter o corpo perfeito que você tanto imagina. Seja com tantos quilos a mais ou a menos. Seja com os lábios da Angelina Jolie, o cabelo da Gisele Bündchen, a cinturinha da Kim Kardashian ou com aquele vão entre as pernas que você também via no Tumblr ou no Instagram.

1

Primeiro, porque praticamente

todas as fotos da mídia passam por edição antes de serem publicadas, ou seja, provavelmente, nem a Megan Fox tem o corpo que você pensa que ela tem. E ela também não tem a menor obrigação, é claro! O seu corpo ideal já existe e você está vivendo nele há anos, eu juro!

2

Segundo, porque vivemos

constantemente fazendo projeções sobre nosso corpo. Como eu gostaria que fosse a minha barriga, a minha bunda, o meu peito, a minha pele, o meu cabelo, os meus olhos, as minhas unhas e por aí vai.

NESSE MOMENTO, SE DÊ CONTA DE QUEM E COMO VOCÊ É AQUI E AGORA.

Um exercício que eu sempre fazia durante meu processo de aceitação era ficar nua em frente ao espelho. Sem diminuir a barriga, sem fazer pose nenhuma ou qualquer tipo de expressão no meu rosto. Relaxar os ombros e só existir diante de um espelho.

Nas primeiras vezes, dói. Dói se ver de verdade, sem filtros. Mas, com a frequência, você fica cada dia mais acostumada com seu reflexo. É louco como quase não nos vemos nuas. Estamos sempre nos cobrindo. Mas se conhecer é fundamental. Cada detalhe do seu rosto, das suas costas, dos seus peitos, da sua barriga, das suas coxas, das suas celulites, das suas estrias e das suas ruguinhas ao redor dos olhos...

...SÃO PARTES DE QUEM VOCÊ É.

SEU CORPO
É O MEIO QUE VOCÊ
SE MANIFESTA NESSE MUNDO.

São as suas mãos que estão tocando estes papéis e trocando energia comigo neste momento. No aqui e no agora, onde tudo está bem. E é isso que importa.

Você, mulher,

tem um corpo, capaz de ler estas páginas e infinitas outras, sentir toques, texturas, cheiros, sabores, ouvir, aprender, correr, pular, jogar bola, carregar peso, trocar um disjuntor, rebocar uma parede, falar em público, administrar uma empresa, cuidar de uma casa... tudo. E se realmente sentir que não está dando conta, não deixe de pedir ajuda psicológica. A gente não pode mais deixar nossa saúde mental de lado, principalmente por questões estéticas.

NÃO SE LIMITE À SUA APARÊNCIA. É ÓTIMO ENTENDER SUAS REAIS DIMENSÕES PARA COEXISTIR PACIFICAMENTE COM ELAS E SE PREOCUPAR COM O QUE REALMENTE IMPORTA. <3

MOMENTO *interativo*

A IMPORTANTÍSSIMA LISTA DE REGRAS A NÃO SEGUIR

Quais são as regras que te impedem de ver a beleza que existe em você? Quais são as bobagens que você leu ou que te disseram sobre como se vestir, o quanto pesar e como se comportar? Faça uma lista das crenças limitantes que te fazem se sentir inferior, feia e triste. E ABANDONE. Todas elas... Eu começo!

~~1. Se está acima do peso, use preto.~~

~~2. Carboidratos depois das 18h? Nem pensar!~~

~~3. Vá à praia de maiô para esconder suas gordurinhas...~~

~~4. Cole a foto da sua top model favorita na geladeira.~~

~~5. Coma como um passarinho e malhe como um touro.~~

~~6. Não use cropped. NUNCA.~~

~~7. Nada de roupa curta e justa!~~

~~8. Não coma antes de ver a crush.~~

~~9. Barriga para dentro, peito para fora!~~

~~10. Quer ficar bonita? Tem que sofrer...~~

11.

12.

13.

14.

15.

16.

17.

18.

19.

20.

SOU
SEU
AMIGO

VOCÊ É UMA PESSOA DE VERDADE E TEM UM CORPO DE VERDADE.

SORTE A NOSSA TER ALGO TÃO ÚNICO, SÓ NOSSO E DO NOSSO JEITO EM UM MUNDO INTEIRO DE PESSOAS TENTANDO SER IGUAIS.

ESCOLHA VER BELEZA NA HUMANIDADE.

EU DEMOREI, MAS ESCOLHI.

CAPÍTULO 3

Mente (in)sana

TALVEZ ESTE SEJA O CAPÍTULO MAIS DIFÍCIL DE ESCREVER. É TÃO COMPLICADO FALAR SOBRE O QUE SE PASSA NA NOSSA MENTE, É TÃO íntimo, tão misterioso, tudo tão (só) da gente...

Não tem como mais ninguém saber com profundidade nossos pensamentos mais íntimos, nas coisas que a gente acredita piamente, aqueles sonhos mais utópicos, aquele pensamento imediato e instantâneo nos momentos em que você é pega de surpresa por alguma sensação ou sentimento e acaba filtrando, guardando para si mesma, porque seria totalmente inaceitável dizê-lo. Isso tudo, por mais que esteja ao lado de alguém que te conheça há anos, por mais que você esteja rodeada de quem te ama, é algo só seu. Me pego pensando em como mudei tão rápido e em como nós, de uma maneira mais geral, às vezes, conseguimos nos tornar absolutamente outras pessoas em questão de meses. Com algumas experiências, pessoas e caminhos mudam diariamente o que a gente é. Como todas essas vivências vão de encontro e se chocam com os meus valores mais fundamentais de casa, de infância e de perspectiva.

ME LEMBRO DAS VERDADES EM QUE EU ACREDITAVA, NOS IDEAIS QUE ME MOVIAM, NAS PESSOAS COM QUEM MAIS CONVIVIA E NAS QUAIS CONFIAVA. TÁ TUDO MUITO DIFERENTE E VOU TE CONTAR O PORQUÊ.

DESCOBRI QUE O MUNDO NÃO É UM LUGAR TÃO LEGAL QUANTO EU ROMANTIZAVA E PARECE QUE FUI A ÚLTIMA A PERCEBER.

Se você parar cinco minutos para analisar o mundo, vai facilmente entender que o caos reina em uma sociedade com adjetivos nada elogiosos, como: ansiosa, deprimida, machista, invejosa, dependente, materialista, ciumenta, rancorosa, um lugar onde ninguém tem o direito de tomar qualquer decisão sem dinheiro.

Sim. Esse é o mundo em que vivemos.

ALGUÉM TINHA QUE TE CONTAR ISSO. FICO FELIZ QUE O APRENDIZADO SEJA AQUI NESTAS PÁGINAS, DESSA FORMA VAI SER BOM, EU PROMETO. CONFIA EM MIM.

Não conheço a mulher bem-resolvida, com prazos em dia, que toma exatamente dois litros de água por dia, com todas as contas cadastradas no débito automático, que é produtiva no trabalho, uma aluna exemplar, que divide igualmente todas as tarefas domésticas com o marido, dorme oito horas por dia e tem uma alimentação colorida, saudável e balanceada. Não conheço porque ela não existe.

É inacreditável

a carga de responsabilidade com a qual uma mulher tem que lidar – e sozinha! – em uma sociedade como a nossa. Começamos crianças e aflitas com a quantidade de tarefas extracurriculares; nos tornamos adolescentes ansiosas que não conseguem decidir por uma profissão aos dezessete anos de idade ou ainda nos matando um pouco por dia por não sermos bonitas o suficiente; viramos mães depressivas por não conseguirmos lidar com a maternidade e a carreira profissional. Nós já estamos totalmente desoladas...

...AOS 25 ANOS.

Isso ainda ignorando todos os recortes de raça e classe, que tornam essa carga ainda maior. Ser negra, índia ou pobre neste país é como se, diariamente, lhe tirassem a miséria que você conseguiu com o dobro de esforço e um terço do dinheiro de alguém em uma posição mais privilegiada. É difícil demais.

ANOTAÇÕES

Pensamento livre

....

....

....

....

....

Mente (in)sana

O ritmo moderno é de corrida. Te fazem acreditar, diariamente, que você não está produzindo o suficiente. Que mesmo depois de abrir mão da sua saúde física e mental, dos seus fins de semana, da sua família, da sua vida social, dos seus valores pessoais, de todos os sonhos... ainda não é o bastante. Ano passado, enquanto estava superatarefada, me esforçando ao máximo para trabalhar e estudar sem abrir mão da minha saúde mental, um professor me disse que se eu não ficasse as próximas quarenta e oito horas fazendo a disciplina dele sem parar, eu reprovaria. E isso era impossível.

E SE VOCÊ ACHA QUE EU DEI UM SHOW DE RESPOSTA E FIZ ELE ENGOLIR UMA NOTA ALTA, VOCÊ ESTÁ MUITO ENGANADA. EU FUI CHORAR NA ESCADA DE INCÊNDIO DO PRÉDIO PORQUE EU ME SENTIA COMPLETAMENTE ESGOTADA. AOS VINTE ANOS.

MAS ESSA CORRIDA NÃO TEM LINHA DE CHEGADA.

Não tem esse momento mágico quando você faz tudo de forma exemplar, vai além das suas expectativas e todos vão te parabenizar por ser essa mulher incrível. Onde vão te colocar em um pedestal por estar sendo o máximo e você finalmente poderá tirar um tempo para marcar seus exames médicos e terminar aquela série.

O máximo

que você pode ganhar é uma nota na média, um aumento mais ou menos ou alguém te sugando as energias porque acha que você lida bem com tudo. A aflição de tentar correr contra o tempo para ganhar esse jogo só vai te deixar doente.

{ EU APRENDI ISSO DA PIOR FORMA POSSÍVEL. }

A vida toda, sonhei em ter independência, minha casa, no bairro em que eu queria, vivendo do meu próprio negócio, com reconhecimento, boa aparência, um relacionamento estável e suprindo as expectativas da minha família.

E, aos poucos, fui conquistando tudo o que queria. Cada conquista, cada etapa, cada detalhe, nome em matéria, extrato bancário, ajuda da família. Tudo isso era tão especial, o processo foi tão incrível.

DEPOIS DE ALGUNS ANOS,
CHEGUEI LÁ.

EU TINHA TODA A ESTABILIDADE
QUE SEMPRE SONHEI

E A ÚNICA COISA QUE GANHEI
COM ISSO FOI UM
DIAGNÓSTICO DE
DEPRESSÃO.

ENTÃO, QUERO TE FAZER
UM CONVITE:

no mundo que faz da vida

UMA CORRIDA,

FAREMOS DELA

um passeio.

O percurso é muito mais importante do que onde essa história termina. A vida é o agora, são todos os verbos no gerúndio. Onde você está trabalhando, para onde você está indo, o que está escutando, as pessoas com quem está convivendo, o livro que você está lendo. Só você sabe o que sente, quais são as suas inseguranças, seus planos e as pessoas com as quais você realmente pode contar.

VOCÊ É UMA PESSOA ANTES DE QUALQUER COISA.
ENTÃO, TOME ISSO COMO PRIORIDADE NÚMERO UM: CUIDAR DE VOCÊ.

Sem a Ellora pessoa, não existe nenhum outro papel que eu possa assumir. Por isso, quando as coisas apertaram aqui dentro, parei de ignorar meu instinto. Seja em relação às pessoas, escolhas ou negócios. No fundo, a gente sempre sente uma pontadinha de contentamento quando sabe que está no lugar certo.

EU PASSEI A DAR VALOR ÀS COISAS QUE ERAM REALMENTE INSUBSTITUÍVEIS NA MINHA VIDA.

Este capítulo mesmo foi escrito na sacada de um prédio de alguém em quem confio muito.

- ✘ Revivi as piadas ruins que eu tinha com a minha família, as minhas amigas mais antigas, que estiveram ao meu lado nos momentos mais trashes, mas também junto comigo nas festas mais loucas.

- ✘ Voltei a ler, porque era uma das únicas coisas que fazia só para mim.

- ✘ Passei a negociar prazos que me deixavam ansiosa, pedir ajuda em vez de me culpar nos momentos em que sentia que não daria conta, porque eu não precisava passar por isso sozinha.

- ✘ Convidei várias pessoas diferentes para almoçar comigo, para tornar um momento de solidão uma oportunidade de pôr o papo em dia. Você não imagina quantas pessoas iriam até a sua casa ou ao seu trabalho para te fazer companhia, jogar conversa fora e dar um abraço gostoso. Isso só está a um convite de distância.

✕ É uma das coisas mais sagradas, para mim, são aqueles poucos minutos depois do banho que uso para sentir cada centímetro do meu corpo e lembrar que corpo e mente são uma coisa só. Que minha saúde mental não afeta somente minha mente, mas sim todo o meu corpo.

Se eu me deixar levar pelo ritmo do mundo, vou adoecer e vou perder a oportunidade de aproveitar os frutos que todas essas pessoas de bem, que também estão nadando contra a maré, estão deixando. Se você não se ajudar, não vai poder ajudar mais ninguém. Entendi que por mais que o mundo não seja o lugar cor-de-rosa que eu imaginava, ainda existem as pessoas e elas mudam.

E podem mudar para melhor, mas essa revolução não acontece do dia para a noite.
Será uma mudança lenta, onde cada uma que tem conhecimento dessas questões passará adiante algumas palavras de conforto, nem que seja só

para as pessoas com quem convive. Se você sentiu (mesmo que por um segundo!) um sentimento bom lendo isso, por que parar aqui? Temos um mundo inteiro para contaminar, e se tem uma coisa que eu aprendi é que não dá para ser feliz sozinha.

Relaxe e
APROVEITE.

USE ESTE LIVRO COMO UMA OPORTUNIDADE DE DESCANSAR. NÃO CORRA PARA TERMINAR AS PÁGINAS, LEIA QUANTAS VEZES FOREM NECESSÁRIAS, RESPIRE BEM FUNDO AO LONGO DOS PARÁGRAFOS, LEMBRE-SE DE QUE VOCÊ NÃO PRECISA PASSAR POR ISSO SOZINHA.

PESSOAS *precisam de* PESSOAS.

Sejamos nós duas a transformação desse caos. Uma a uma. Você é seu corpo, você é sua mente, tudo isso forma uma coisa só. Por isso, todos os dias, se permita ser apenas uma pessoa. Isso já é muito.

sa-ni-da-de

Qualidade de são, de quem tem boa saúde; higiene; equilíbrio mental ou físico; expressão de sensatez, de integridade. Reunião do que leva alguém a possuir uma excelente saúde; salubridade.

MOMENTO *interativo*

AGORA ME CONTE...

Das coisas que você já aprendeu sobre si mesma, o mundo e o que a faz uma mulher mais inteira e feliz... O que você pode compartilhar agora com alguém? Vamos juntas contaminar as mulheres ao nosso redor de esperança na vida e de fé que o equilíbrio pode ser alcançado. Exercite um texto sobre tudo isso na página seguinte. Se quiser, depois, compartilhe nas redes sociais. As nossas descobertas são ricas demais para deixarmos guardadinhas, fazendo bem só pra gente. Juntas somos mais!

ESCREVI ESTAS PÁGINAS POUCOS DIAS DEPOIS DO DIAGNÓSTICO DE DEPRESSÃO. VOCÊ NÃO IMAGINA A MINHA ALEGRIA EM REVIVER A PAZ DEPOIS DESSES DIAS NEGROS.

ESTAMOS JUNTAS NESSA. =)

CAPÍTULO 4

Seus talentos e vivências

(OU A COMPOSIÇÃO MAIS IMPORTANTE DE TODAS)

MÔNICA É CAPAZ DE PRODUZIR UM FILME INTEIRO SOZINHA. NÁDIA FALA EM PÚBLICO DE MANEIRA TÃO CONVINCENTE QUE PODERIA mudar o mundo. Beatriz sabe bater um bolo fofinho à mão, só com ingredientes veganos. Juliana consegue resolver uma equação antes mesmo do professor ensinar o passo a passo. Raissa tem um estilo único de se vestir e de enxergar a moda, não importa o lugar. Leila sabe costurar e adora dar uma cara nova a cada uma de suas peças. Jade sente uma alegria louca quando canta, deixa todo mundo de boca aberta com a potência de sua voz.

Giovanna ama medicina e sonha em salvar vidas diariamente. Victória se interessa por arquitetura e adora passear pela cidade olhando para o alto, percebendo como cada pessoa ocupa o espaço. Akemi nunca deixa nada para depois. Bianca tem a mão boa para plantas e vive espalhando verde por aí. Nina tem loucura pela cozinha, faz o melhor arroz doce da cidade. Cris sabe de cor quais são as melhores festas de São Paulo. Lara gosta de marcenaria. Clarice, de pintar quadros. Adriana, de ensinar as pessoas. Melissa, de ler. Isabela encontrou na Geologia a sua paixão. Natália, na física quântica. Cibele, na matemática aplicada. Marina adora criar personagens e histórias imaginárias para eles. Clara é apaixonada por política, tem ideais nobres e o sonho lindo de mudar o mundo. Bárbara ama todos os bichos do mundo e quer dedicar a vida a cuidar deles com todo o amor e respeito que eles merecem...

pro-fis-são

É a capacitação do indivíduo especializado para exercer um trabalho ou atividade na sociedade.

MAS É COM ALEGRIA QUE EU CONTO A VOCÊS ALGO QUE APRENDI:

a vida, manas, é uma coisa muito louca.

Vejam vocês que Mônica, que ama cinema, virou dentista. Nádia, que fala superbem em público, acabou sendo engenheira. Beatriz só assa bolos fofinhos aos finais de semana e virou farmacêutica. Raissa ama a moda e é a advogada mais estilosa que São Paulo já viu. Leila costura, tricota e borda: quadros. Jade, que ama música, hoje é produtora de campanhas publicitárias. Giovanna se dedicou à pesquisa médica e nunca atendeu um só paciente na vida. Victória virou fotógrafa e suas fotos mais bonitas são as dos prédios da cidade, que ela tanto ama. Akemi é florista. Nina faz sucesso com as panelas, mas de outro jeito: estudou Nutrição. Cris organiza eventos. Lara virou arquiteta. Clarice, designer. Adriana, pedagoga que estuda a arte de ensinar. Melissa, revisora implacável. Isabela virou geóloga mesmo. Natália, neurocientista. Cibele, palestrante. Marina achava que ia escrever livros, mas faz filmes. Clara fundou uma ONG de proteção animal com a Bárbara e não quer saber de concorrer a nada em nenhuma eleição.

É MARAVILHOSO COMO A VIDA É **IMPREVISÍVEL.**

Eu acho muito louco o jeito como nos orientam para a vida adulta atualmente. Existe essa falsa impressão de que você nasceu para uma tarefa específica, quase como uma profecia.

E pior: que você deve descobrir sua vocação até os dezessete anos para se aperfeiçoar ao longo da juventude e ser uma adulta responsável e passar o resto da sua vida se dedicando única e exclusivamente a isso. Mas a vida real não é assim, esses são os distritos dos Jogos Vorazes.

PASMEM:
AS PESSOAS NÃO NASCEM COM UMA FUNÇÃO.

ANOTAÇÕES

Pensamento livre

Humanos são completamente imprevisíveis e seus talentos, desejos e ambições também. É muito cruel ter que decidir o futuro da sua vida profissional com dezessete anos, fase em que estamos começando a nos descobrir como pessoas.

17

COM ESSA IDADE, EU ACHAVA QUE AS ÚNICAS PROFISSÕES POSSÍVEIS ERAM AS QUE OS MEUS PAIS ME DEIXARIAM CURSAR ENTRE AS OPÇÕES QUE EXISTIAM NA FACULDADE MAIS PERTO DE CASA.

Com toda a pressão que colocam na gente no ensino médio, nossa tendência é pensar em "qual matéria eu me saio melhor?" e optar pelo primeiro curso que um teste vocacional indicar só para tomar uma decisão antes do vestibular, porque pais quase nunca aceitam a ideia de que você ainda não sabe o que quer estudar.

Uma coisa

que eu gosto de pensar é que, durante a Renascença, todo mundo tinha mil atuações diferentes.

Maquiavel foi historiador, poeta, diplomata e músico. Leonardo da Vinci foi cientista, matemático, engenheiro, inventor, anatomista, pintor, escultor, arquiteto, botânico, poeta e músico. Michelangelo foi pintor, escultor, poeta e arquiteto (*). Por que raios eu teria que escolher uma só?

*deixei os exemplos mais famosos, mas se quiser um exemplo de mina, pesquise por Hildegard Von Bingen!

Fico me perguntando quantas profissões existem que eu ainda nem imagino, processos que nunca ouvi falar e como mulheres cumprem cada uma dessas tarefas ao redor do mundo, longe de todas essas cobranças que temos na sociedade que cultiva a meritocracia.

MINHA MÃE, POR EXEMPLO, SEMPRE ACHOU QUE SERIA MÉDICA E CHEGOU A ESTUDAR ENFERMAGEM.

Hoje ela não tem a menor intenção de voltar para essa área e crescer dentro de uma carreira na Medicina. O negócio dela é vender porção, cerveja e coco na praia, com os pés na areia. É o que ela ama fazer e nada pode tirar o valor disso. E nem adianta tentar convencê-la de ir para a cidade, entrar em consultório ou escritório, porque ela sabe exatamente o que tá fazendo!

Aos poucos,

vejo que o mundo está mudando e as pessoas estão descobrindo que existem outros jeitos para a gente decidir com o que queremos gastar nosso tempo, dedicação, amor e, consequentemente, ter um retorno financeiro. E que todo o tempo que tivermos de vida será válido para descobrir um talento ou uma paixão nova e simplesmente mudar. Vi um vídeo antigo esses dias — aquele famoso do "use filtro solar" (se não conhece, dá um Google que vale a pena!) — e ele tem um trecho assim:

"AS PESSOAS MAIS INTERESSANTES QUE EU CONHEÇO NÃO SABIAM O QUE FAZER DA VIDA AOS QUARENTA ANOS".

ha-bi-li-da-de
Capacidade e inteligência para fazer as coisas.

E faz muito sentido. Já ouvi centenas de histórias por esse mundão gigantesco de gente que cansou de fazer todo dia a mesma coisa naquela maldita profissão escolhida aos dezessete anos por pura aceitação social e foi aprender a pintar, a cozinhar, criou uma ONG, fez canal no YouTube, abriu uma pousada, decidiu viver daquilo que fazia de verdade seu coração bater mais forte.

E teve a coragem de mudar.

E É POR ISSO

que eu digo,

SE DÊ A CHANCE:

de tirar um tempo, de conhecer outras possibilidades, de testar. Se puder, faça algo que te desafie, que faça seus olhos brilharem, que te dê tesão, que você sinta que não quer ir embora dali.
E para descobrir qual é a profissão ou a atividade que vai te fazer sentir assim, loucamente apaixonada, tem que testar, viver, experimentar. Conversar com gente que faz o que você gostaria de fazer. Ler muito sobre. Pesquisar demais e não só com universitários, com profissionais, com ex-profissionais, com pessoas que se relacionam com esses profissionais. Mas acima de tudo:

TEN-TAR.

COM DEZESSETE ANOS, A GENTE AINDA TESTOU POUCA COISA NA VIDA. MAS JÁ SABEMOS AS COISAS QUE NOS DÃO PRAZER.

Eu, por exemplo, não esperava que a professora pedisse uma redação para escrever, era algo que eu fazia porque tinha desejo, necessidade de me expressar, longe de ser uma obrigação.

O QUE VOCÊ PESQUISA POR PURO INTERESSE, O QUE FAZ POR PURO PRAZER, OS TRAÇOS DA SUA PERSONALIDADE, JÁ APONTAM UM ESTILO DE VIDA.

Faça cursos, vá a saraus, assista a tutoriais, leia, estude a sua paixão com toda a sua dedicação. Pode ser que você se apaixone mais e mergulhe de cabeça, pode ser que ache tudo um grande porre e saia de fininho em busca da próxima aventura, pode ser que uma paixão leve à outra e, quando perceber, começou amando a biologia e terminou ativista ambiental.

TÁ TUDO BEM.

SÉRIO. RESPIRE.

Não se cobre tanto. Você pode tirar um ano para trabalhar e ajudar sua mãe com as despesas enquanto faz um curso. Ou tente visitar o escritório que é a sua cara. Ou pintar aos fins de semana para ver como se sai. Ou vender brigadeiro na Avenida Paulista para juntar grana para o seu blog, como eu fiz aos dezesseis.

TUDO É VÁLIDO,
DESDE QUE
VOCÊ ENTENDA
QUE A VIDA É
FEITA DE FASES.

EM UM WORKSHOP DE EMPREENDEDORISMO CRIATIVO QUE FIZ UMA VEZ, ME PERGUNTARAM O QUE EU FARIA SE TIVESSE TEMPO E DINHEIRO. OU SEJA, O QUE FARIA POR PURO PRAZER, SEM PRESSÃO SOCIAL, SEM BOLETOS ATRASADOS, SEM A ANGÚSTIA DE ESPERAR O FIM DE SEMANA PARA TER TEMPO PARA MIM.

E acho que essa é uma pergunta muito válida. Óbvio que eu não comecei a fazer tudo o que eu queria assim, magicamente, mas foi ótimo para perceber quais eram minhas vontades mais genuínas e como eu poderia caminhar, aos poucos, passo a passo, para construir algo. Às vezes, é fazendo um curso aos sábados, uma reunião em grupo, ligando para uma amiga que te ofereceria uma consultoria... Você não precisa arriscar tudo agora, todo mundo tem dificuldades, tá tudo bem.

SÓ NÃO SE DEIXE EM SEGUNDO PLANO, FAÇA ALGO POR VOCÊ.

Não há nada de errado em mudar de ideia e de ir construindo seu caminho a cada passo, a cada olhar, a cada nova experiência. Esses dias, li que o mundo é uma produção da nossa mente. Porque tudo que vejo, toco, sinto ou provo é uma interação minha com o mundo, ou seja, uma construção que a minha mente gera.

É isso o
que torna a vida uma experiência tão individual: só eu sei as experiências que tive, lugares que visitei, o que me dá prazer, o que me entristece, as pessoas que conheci e a influência que elas tiveram sobre mim. Gosto de imaginar que essas experiências são como círculos, de diferentes tamanhos e disposições e que, ao longo da vida, eles podem se aproximar, se afastar, às vezes eles se interseccionam ou se sobrepõem.

MAS ESSA COMPOSIÇÃO É ÚNICA PARA CADA UMA DE NÓS.

ta-len-to

Habilidade natural para a realização de algo com destreza ou perfeição; aptidão inata para uma determinada área, em geral de natureza artística ou criativa; pessoa possuidora de talento raro.

E nunca - NUNCA - se esqueça:

1. Só um talento não determina a profissão de alguém;
2. Você ainda vai conhecer muita coisa;
3. Dedicação importa: Disciplina também;
4. Muita gente morre sem saber que tinha um talento especial;
5. Muita gente morre frustrada por não se permitir explorar seu talento;
6. E para saber o que move seu coração, é preciso experimentar, viver e se entregar a uma paixão até decidir se é com ela mesmo que você deseja dividir a vida, mesmo que só por um tempo.

E por último:

7. "Eu quero ser tudo que sou capaz de me tornar" - Katherine Mansfield.

Mônica, Nádia, Bia, Juliana, Leila, Jade, Giovanna, Victória, Akemi, Bianca, Nina, Cris, Lara, Clarice, Adriana, Melissa, Isabela, Natália, Cibele, Marina, Clara, Bárbara, você e eu...

ESTAMOS AQUI PARA NÃO DEIXAR NINGUÉM DIZER O CONTRÁRIO, ENQUANTO VIVEMOS E DESCOBRIMOS NOVOS CÍRCULOS.

MOMENTO *interativo*

A SUA LISTA DE SUPERPODERES

Uma maneira muito legal de se autoconhecer é com o exercício das listas cruzadas. Primeiro, faça uma lista de todos os talentos ou habilidades que você sabe que tem.

Depois, mergulhe bem fundo no seu coração e faça uma lista das vivências que ainda deseja ter na vida.

Então, compare as duas listas, com muito carinho e ouvindo sempre a sua intuição. Você vai perceber que há talentos e experiências que combinam muito e outros não. Às vezes vale só pela vivência, tá valendo!

O importante é fazer essas conexões e entender o que elas dizem sobre você, seus círculos e aquilo que você já é ou quer ser. Mãos à obra!

MEUS TALENTOS:

1. __________
2. __________
3. __________
4. __________
5. __________
6. __________
7. __________
8. __________
9. __________
10. __________

AS VIVÊNCIAS QUE AINDA QUERO PARA MIM (ou círculos que quero conhecer!):

1. __________
2. __________
3. __________
4. __________
5. __________
6. __________
7. __________
8. __________
9. __________
10. __________

CAPÍTULO 5

Em família. Com família. Por família.

CRESCER É SE DESCOBRIR MULHER.

MEU PAI, O PILAR QUE SUSTENTA A CASA. FORTE, PODEROSO, VISIONÁRIO, INTUITIVO. Ser filha é conhecer a masculinidade no tom de voz do pai. Assistir àquelas mãos grandes segurando a caixa de ferramentas, consertando a bicicleta, pegando a pasta e saindo cedo para trabalhar. Às vezes, eu o via gritando no telefone com alguém do trabalho ou ensinando algo para a família enquanto batia o dedo no painel do carro, sempre cheio de certezas.

Papai

cresceu em um bairro totalmente marginalizado e construiu um império, sozinho. Acredita piamente na meritocracia, já que essa é a única realidade que ele conhece. Já viu de tudo na vida, nem imagino o tamanho das cicatrizes que ele tenha dentro de si. Ele ainda é a minha imagem imediata da palavra homem: forte, inteligente, predador. Sempre foi.

Já mamãe,

a personificação de todos os sentimentos sutis. Sempre gentil, honesta, bem-humorada. O tempo todo fazendo alguma tarefa doméstica, listando o que tem na geladeira para esquentar, circulando as promoções dos folhetos de supermercados ou juntando pares de meias recolhidos no varal. Sempre perguntava se eu já tinha comido, quem ia levar e buscar naquela festinha, se alguém tinha sido mal-educado comigo na escola. Aos de fora, ela sempre oferecia nossa casa para quem precisasse passar uma noite e falava do seu quiosquinho de praia como se fosse a maior realização do mundo (para ela, de fato, é). Cresceu no mesmo bairro marginalizado que o papai e acredita que tudo que ganhou de melhor foi presente de Deus. Todo mundo que conhece a minha mãe, diz a mesma coisa: tem a paciência de Jó.

ALÉM DO MEU PAI E DA MINHA MÃE, DIVIDI A VIDA COM MAIS DOIS MENINOS. SOU A CAÇULA DE TRÊS IRMÃOS.

QUANDO SE É CRIANÇA OU ADOLESCENTE, VOCÊ NUNCA TIRA SUAS DÚVIDAS COMPROMETEDORAS COM SEUS PAIS, TIRA COM SEUS IRMÃOS.

Honestamente, faço isso até hoje. Eles nem imaginam o tamanho da responsabilidade que tiveram na minha educação. Era como se os dois juntos fossem juízes para tudo o que nossos pais falavam. Eles que me orientavam se eu devia prestar atenção ou só concordar com a cabeça para evitar uma discussão ainda mais quente.

Minha personalidade

tem muito da personalidade dos meus irmãos. CAYQUE, meu irmão mais velho, sempre me mostrou o que estava tocando na cena underground da época. Aquilo influenciou totalmente meu gosto musical e estético. Ele fazia o tipo estranho-porém-descolado e isso me deixava muito mais à vontade para ser estranha também. Eu não ligava de ser a única menina de preto. Achava até legal. Por mais que isso seja mais comum atualmente, ser uma menina que evita performar feminilidade ainda é difícil. Mas é importante se questionar e entender como você se sente confortável.

Já o ATHAMY, meu irmão do meio, sempre gostou de atenção. Ele era o tipo engraçado, que todo mundo sabia que o rolê sem ele não seria a mesma coisa e, de fato, não era. Ele costumava ser o cara que ficava falando no meio da rodinha. Ele me ensinou que as pessoas são uma das coisas mais legais do mundo. Eu me vejo muito em cada um deles, e as pessoas dizem que isso é inevitável.

OS HUMANOS SÃO UMA MISTURA DE GENES E MUDANÇAS CONSTANTES, PROVOCADAS PELO AMBIENTE EM QUE VIVEMOS.

A vida é uma

construção tão individual e, ao mesmo tempo, cada pedaço da nossa família monta o nosso quebra-cabeças de valores mais fundamentais, mesmo que jamais tenhamos pensado racionalmente sobre eles.

HOJE, QUANDO PARO E ANALISO, PERCEBO COMO O JEITO COM QUE EU LIDO COM AS PESSOAS, COMO GOSTARIA QUE ELAS ME VISSEM, É A MISTURA (PURA!) DOS MEUS PAIS.

ANOTAÇÕES

Pensamento livre

....

....

....

....

....

....

....

....

....

....

Ao longo do tempo,

entendi que crescer é se descobrir mulher.

Por mais que meus irmãos me influenciassem, nós tínhamos o teto do gênero. Eu não podia usar muito as roupas deles, não podia ficar tanto tempo com homens, não podia estar na rua com eles até tarde, nem falar palavrão, sentar de perna aberta ou ficar de bunda pra cima. O pior de tudo é que eu sei que meus pais me ensinavam o que eles acreditavam que era o melhor para mim, com a melhor das intenções. Mas sempre me vi completamente injustiçada por ter nascido mulher, como se fosse puro azar.

NA LOTERIA DA VIDA: "PUTZ, MULHER...".

E isso não se deu só pelos meus irmãos. A imagem de homem e mulher dentro da minha cabeça sempre foi muito estereotipada. Nunca entendi por que meu pai tinha que usar paletó e minha mãe, avental.

E, principalmente, não entendia por que eles não podiam trocar os papéis, nem por um dia, em hipótese alguma. E se eu quisesse brincar de sair para trabalhar em vez de brincar de boneca ou casinha, só para variar? Acho que hoje falo tanto sobre a *família tradicional brasileira* porque eu vivia no mesmo teto de uma e via como era só fachada.

A FAMÍLIA TINHA que ser bonita antes de ser feliz.

Não importa se todos estejam prestes a se matar, apenas sorriam e acenem para os conhecidos.

Pouco a pouco, fui entendendo como tudo isso era pura herança social e histórica. E que eu podia mudar a história. Foda-se se meus irmãos tiveram mais liberdade durante a vida toda. Eu sabia que poderia construir minha história sozinha e que lá no fundo, mesmo com todas as dúvidas, incertezas e boletos, eu tinha capacidade de ser uma mulher foda. Assim como eu os via, só por serem homens.

SEI QUE VOCÊ, MULHER, QUE ESTÁ SEGURANDO ESTE LIVRO AGORA, JÁ FOI MENOSPREZADA DENTRO DE CASA. JÁ SOFREU COM MACHISMO, JÁ QUIS GRITAR DE ÓDIO COM AS INJUSTIÇAS, QUANDO TE DIFERIAM, TE DIMINUÍAM E TE SUBESTIMAVAM SÓ POR VOCÊ SER MULHER. MAS TENHO ALGUMAS CONSIDERAÇÕES SOBRE ISSO.

fa-mí-lia

Substantivo feminino: grupo de pessoas que possuem relação de parentesco e habitam o mesmo lugar: meu pai e minha mãe são a minha família. Pessoas cujas relações foram estabelecidas pelo casamento, por filiação ou pelo processo de adoção. Grupo de pessoas que compartilham os mesmos antepassados.
Figurado: grupo de indivíduos que se encontram ligados por hábitos, costumes, comportamentos ou interesses oriundos de um mesmo local: uma família tradicional. Grupo de indivíduos que possuem qualidades ou particularidades semelhantes.

1 *A primeira consideração é que,*

por mais difícil que seja admitir, seus pais ou seus irmãos não têm culpa nisso. Os seus pais são tão vítimas dessa herança histórica e social quanto os meus. E por mais que, para nós, seja óbvio que o melhor é abrir mão de uma crença, quando sabemos que ela pode estar errada, para muita gente, não é tão simples assim. É justo respeitar o tempo de cada um para aceitar essa revolução que estamos fazendo.

EU PERDI MUITA COISA POR TER DESENVOLVIDO UMA BIRRA DO MEU PAI PELO JEITO COM QUE ELE VIA AS MULHERES. MAS A REAL É, SE NA NOSSA GERAÇÃO ISSO AINDA É TÃO COMUM, NA GERAÇÃO PASSADA ISSO ERA REGRA!

Imagine só: aos quarenta anos, quando você está completamente formado como pessoa, cheio de certezas, sua filha, que mal saiu de casa, já fala várias verdades de como o mundo funciona bem na sua cara e ainda fica brava se você não concorda.

Fui muito insensível e isso era o que mais criticava nele, vejam que contradição. Precisei deixar que ele tivesse o tempo necessário para entender que já se passaram trinta anos e mudanças sociais estão acontecendo e que, com isso, eu, como mulher, posso ter minha grana, transar, beber, sair sozinha etc.

Fui intolerante exatamente como ele era comigo. Nossa relação só melhorou quando nós dois deixamos o ego de lado e respeitamos o tempo e a vivência de cada um, dentro de um limite saudável.

2 Outra coisa

que queria compartilhar é que toda família tem tretas. De todos os tipos possíveis. Às vezes é uma mãe que sofreu agressão, um filho com depressão, uma irmã que roubava suas coisas. Toda família tem uma história pesada. Todas as pessoas passam por momentos muito complicados e, às vezes, nossa família é o nosso único porto seguro. É importante dar suporte para quem está precisando, uma hora pode ser com você.

POR ISSO, ACHO QUE POR MAIS QUE NOSSOS PARENTES PASSEM DOS LIMITES COM A GENTE, EM ALGUNS MOMENTOS, NÓS TAMBÉM VAMOS PASSAR DOS LIMITES COM ELES. E SÃO ESSAS SITUAÇÕES QUE FORMAM UMA FAMÍLIA.

3 E, por último, mas não menos importante:

você não precisa da aprovação ou incentivo deles para tudo. Tem coisas que são muito individuais e que mais ninguém entenderia, que só dependem de nós e mais ninguém.

Não adianta, nem sempre sua mãe vai te apoiar na carreira da música e, é claro, isso vai dificultar as coisas. Mas aí você entende que isso é algo muito maior do que a aprovação dela. É sobre seu direito de escolha, sua sanidade, seus objetivos e ninguém pode tirar isso de você.

É CLARO QUE QUANDO DECIDI MORAR SOZINHA, ACHARAM LOUCURA. É CLARO QUE QUANDO DECIDI FALAR DE SEXO NA INTERNET, PEDIRAM PARA EU TIRAR. É CLARO QUE QUANDO DECIDI TRANCAR A FACULDADE, PEDIRAM PARA EU CONTINUAR. MAS NÃO ERA SOBRE ELES.

É NESSAS HORAS QUE A GENTE ENGOLE SECO
e ouve nossa intuição.

Ao longo da vida, as mulheres raramente têm incentivo para tomar a frente das situações. E é por isso que você e eu, nós, estamos agora trocando experiências. Porque sua família inteira pode te achar louca por tentar Medicina, decidir não ter filhos, viver da sua arte, trocar de namorado, raspar a cabeça e só usar roupas coloridas.

MAS SÓ VOCÊ VAI VIVER CADA UMA DESSAS EXPERIÊNCIAS E ARCAR COM AS CONSEQUÊNCIAS DAS SUAS ESCOLHAS, ENTÃO...

A DECISÃO *final* É SEMPRE SUA.

As mulheres que eu mais admiro foram completamente boicotadas dentro de casa. E foi exatamente aí que elas entenderam que o pensamento de seus parentes não diminuía a vontade delas de crescer. E elas tomaram as próprias decisões.

Na dúvida,
METE O LOUCO.

MOMENTO *interativo*

O QUE É FAMÍLIA PARA VOCÊ?

Represente na página ao lado o que é família do seu ponto de vista. Pode ser texto, desenho, símbolos, pode colar uma foto, pode qualquer coisa, desde que você represente aquilo que vem do seu coração quando você pensa em família. Porque família é um conceito que extrapola os laços de sangue (releia o significado de família no dicionário). Família é sentimento de união, acolhimento, afeto incondicional. Independentemente da biologia. E apesar das tretas.

CAPÍTULO

6

PARTE 1:

Amor, esse velho desconhecido

UM DIA, DISCUTINDO COM UM AMIGO SOBRE RELACIONAMENTOS ABERTOS, AMOR ROMÂNTICO E MIL OUTRAS CONSTRUÇÕES sociais que vamos conversar já, já, decidi pesquisar o significado real da palavra "amor" para ter ainda mais argumentos e provar para ele que estava certa.

E, de fato, estava. E ele também. Fiquei surpresa com o tamanho da lista de significados e acredito que vocês ficarão também.

a-mor

1. Sentimento que induz a aproximar, a proteger ou a conservar a pessoa pela qual se sente afeição ou atração; grande afeição ou afinidade forte por outra pessoa (ex.: amor filial, amor materno).
2. Sentimento intenso de atração entre duas pessoas.
3. Ligação afetiva com outrem, incluindo geralmente também uma ligação de caráter sexual (ex.: ela tem um novo amor; anda de amores com o colega).
4. Ser que é amado.
5. Disposição dos afetos para querer ou fazer o bem a algo ou alguém (ex.: amor à humanidade, amor aos animais).
6. Entusiasmo ou grande interesse por algo (ex.: amor à natureza).
7. Aquilo que é objeto desse entusiasmo ou interesse (ex.: os livros eletrônicos são o meu amor mais recente).
8. Qualidade do que é suave ou delicado (ex.: faz isso com mais amor).
9. Pessoa considerada simpática, agradável ou a quem se quer agradar (ex.: elas são uns amores; vem cá, amor).
10. Aquilo que é considerado muito positivo ou agradável (ex.: a decoração do quarto dos meninos está um amor).
11. Ligação intensa de caráter filosófico, religioso ou transcendente (ex.: amor a Deus).
12. Grande dedicação ou cuidado (ex.: amor ao trabalho).

Até hoje, eu me choco. A verdade é que quebrar a cara foi ótimo. Primeiro, porque me tira totalmente da zona de conforto e causar esses ruídos para refletirmos é essencial. Mas, principalmente, porque você coloca o ego em segundo plano e entende que nem sempre a verdade é única ou linear. E que até os fatos, sentimentos e construções sociais mais óbvios e antigos oscilam de lugar em lugar, ou, nesse caso, de pessoa para pessoa.

Então, vamos do começo.

VAMOS ESMIUÇAR ESSA LINHA QUE NOS É IMPOSTA. VAMOS CONSTRUIR AQUI, JUNTAS, SÓ VOCÊ, EU E AS PÁGINAS QUE NOS CONECTAM: QUAL É A HISTÓRIA QUE A MULHER É CONDICIONADA A CONTAR E COMO ISSO SE RELACIONA FORTEMENTE COM O AMOR.

Partimos da infância, no nosso momento mais inocente e vulnerável onde tudo que fazemos é reproduzir o que vemos. Somos como uma esponja que absorve tudo nessa fase e muitos desses ensinamentos ficam com a gente para o resto da vida.

E É POR ISSO QUE ELES SÃO TÃO IMPORTANTES, PORQUE MOLDAM ALGUNS DOS NOSSOS VALORES MAIS FUNDAMENTAIS.

Dando vida à imaginação, em um cenário rosa, com panelas de plástico e bonecas de pano, brincamos de tarefas que são possíveis de serem realizadas dentro de casa, já que é esse o único espaço seguro que esperam que ocupemos.

Desde sempre, somos condicionadas a explorar a sensibilidade, o cuidado, o apego e o afeto e todas as outras características que atribuímos à maternidade. Mesmo que, no quarto ao lado, seus irmãos estejam empilhando blocos só para derrubar depois, chutando com força uma bola contra a parede ou competindo em um jogo de lutinha.

NA BRINCADEIRA MAIS COMUM ENTRE AS MENINAS, O OBJETIVO FINAL SEMPRE É CUIDAR DA CASA.

Somos incentivadas a ser boas nas tarefas domésticas e maternais desde os primeiros anos de vida. Eu mesma tive dezenas de bonecas, forninhos, vassourinha, rodinho, até uma casinha de madeira daquelas que podia entrar e tudo. Hoje, é bizarro pensar como eu sentia que aquele era meu espaço. Meu único espaço. Já no nosso imaginário mais poderoso, somos princesas. A filha de algum homem com o mais alto cargo do reino que nos passou o trono. E ainda, nessas narrativas, o maior objetivo é encontrar um príncipe encantado que possa nos salvar.

E O MAIS MALUCO
É QUE,
quando a princesa
encontra um
PRÍNCIPE,
a história
SIMPLESMENTE ACABA.

Casaram, felizes para sempre, fim. Missão cumprida, achou um boy e ficou trancada eternamente.

MANO. NÃO.

Eu não sei o que você viveu de diferente para questionar essas coisas e ter o privilégio de ter acesso a questionamentos como esses. Mas nós duas somos muito sortudas. Um exemplo prático de por que isso acontece é o que nossas ancestrais passaram no Brasil há pouco tempo. Durante o período colonial, houve a construção de casas feitas da própria terra por bandeirantes nas proximidades de São Paulo. Essas casas se chamam "Casas Bandeiristas", e durante a faculdade de arquitetura, nós estudamos como os moradores ocupavam esse espaço. Uma das coisas mais chocantes foi descobrir que ao lado do quarto do casal sempre existia uma capela para que a esposa não tivesse que sair de casa, nem mesmo para ir à igreja.

OU SEJA, HÁ SOMENTE TREZENTOS ANOS, ÉRAMOS PROPRIEDADES DE NOSSOS MARIDOS, E ATÉ HOJE EXISTE UMA HERANÇA MUITO FORTE DE PODER NA RELAÇÃO ENTRE UM HOMEM E UMA MULHER.

Fiz questão de trazer esse contexto para estas páginas para que a gente nunca se esqueça de questionar de onde vêm os nossos costumes, crenças e certezas. Mas calma:

as coisas melhoraram!
E só de você estar
AQUI COMIGO, FALANDO DISSO,
já significa muito.

Um exemplo mais recente de toda essa herança é que quando eu era mais nova e fazia alguma loucura ou era um pouco mais relaxada, me diziam:

"ASSIM NENHUM HOMEM VAI TE QUERER". COMO SE AQUILO FOSSE REALMENTE UM CASTIGO CABÍVEL (E TERRÍVEL). ISSO SÓ INCENTIVA A IDEIA DE QUE AQUELE ERA MEU PAPEL: TER UM HOMEM!

E, por esse motivo, eu não devia me comportar de maneira tão avoada. Com certeza, você já viu um filme em que duas garotas disputam um cara na escola. Nos colocaram umas contra as outras para batalhar por homem, mana. Que absurdo! A estrutura está toda errada.

Ou seja, além de todo condicionamento para fazer as tarefas domésticas, ser bonita, magra, boa aluna, falar baixo, sentar de perna fechada, não falar palavrão, estar sempre arrumada e equilibrada emocionalmente, eu também sentia que precisava encontrar logo um namorado para não ficar para titia. E o simples fato de encontrar um "bom rapaz" para namorar já tinha mil outras regras.

Tinha que conhecer o cara muito bem antes de aceitar o relacionamento; não podia ter ficado com nenhum dos amigos dele na vida; não podia transar logo de cara; a família tinha que aprovar e, se desse errado, não podia sair beijando todo mundo, porque esse era considerado um comportamento vulgar, mas também não podia ficar emendando relacionamento, porque aí ganhava o carimbo de carente.

Infelizmente,

ainda não conseguimos magicamente mudar o cenário. Estamos nesse contexto e as coisas vão continuar assim por mais alguns anos.

MAS, NESSE MOMENTO, SE DÊ UM SEGUNDO PARA PENSAR EM TUDO O QUE VOCÊ JÁ TEVE QUE FINGIR OU ATURAR EM SEUS RELACIONAMENTOS, NA SUA PROJEÇÃO DE AMOR.

Releia o significado do dicionário e veja se alguma palavra te toca de um jeito diferente.

Bom, ainda hoje, continuam contando essas histórias de amor. Mas agora temos outras milhares de histórias. Sabemos que o amor não precisa de um homem e uma mulher apaixonados para existir. Podem ser dois homens, duas mulheres, dois homens e uma mulher, uma mulher e dois homens, duas pessoas que nem sequer se identificam com essa identidade de gênero binária.

Porém, um ponto que gostaria de reforçar, é como a gente vê o amor e todas as suas nuances enquanto mulher, como reproduzimos essa ideia maluca que é amar e lidar com os relacionamentos com paixão, carinho e convivência.

ANTES DE MAIS NADA – E EU SINTO TE DESAPONTAR –, CASO VOCÊ AINDA ACREDITE NESSES ROMANCES COM FINAIS FELIZES PARA SEMPRE QUE TE CONTARAM NA INFÂNCIA, PRECISAMOS DESCOBRIR ALGUMAS VERDADES.

Sei que dói abrir a caixa da vida real e não encontrar lá dentro tudo o que você esperava. Mas a libertação vai valer muito a pena, não só para você, mas para todas as mulheres que virão em seguida. E a liberdade, manas, é o primeiro princípio a se observar quando o assunto são as nossas relações.

Assim como a verdade, o amor não é linear. Não é essa coisa transparente, que transborda em si mesmo de tamanha felicidade, onde vocês nasceram para ser um só corpo e enraizar de volta à terra. O amor tem mil nuances, mil expressões e essa lista enorme de significados que o dicionário apresenta só exemplifica isso.

A verdade é que o amor pode aparecer em um amigo antigo da família, mas também pode acontecer em uma fila de padaria, às duas da madrugada, quando você está fedida e meio bêbada procurando o que comer com seis reais que achou em moedas no fundo da bolsa. Pode acontecer quando você bate os olhos naquela velha amiga de um jeito diferente e simplesmente cai a ficha de que vocês fariam um casal lindo. O amor também pode aparecer devagarinho, com a boa e velha convivência, que deixa tudo mais transparente ou pode acontecer no momento mais vulnerável de todos e você nem se sentir pronta.

SEMPRE QUE PENSO EM RELACIONAMENTOS ANTERIORES, ME VEJO MUITO ANSIOSA PARA ENTENDER TUDO. ÀS VEZES, PARA OFICIALIZAR, OUTRAS PARA CONHECER A FAMÍLIA, PARA TRANSAR OU ATÉ PARA SABER QUANTO TEMPO VAI DURAR.

Mas, depois de muitos trancos, a gente aprende que o melhor a se fazer é curtir o frio na barriga enquanto o amor está com a gente. Aproveitar cada fase sem pressa, curtir cada olhar incerto, cada toque inseguro, cada beijo, cada tarde fazendo nada juntos... tudo isso é essencial para construir um relacionamento estável, saudável e recíproco. Estar totalmente ali, tanto para sua parceira ou parceiro, quanto para você.

O AMOR PODE, INCLUSIVE, SURGIR VÁRIAS VEZES *na vida da gente.*

Cada um tem uma experiência diferente porque lida com um universo totalmente particular. Os maiores filósofos da história morreram com centenas de questionamentos sobre o amor e nós estamos aqui, cheias de certezas, dizendo que amor de verdade é o que vemos nos filmes, aquele que acontece só uma vez na vida, que existe alguém que te completa, que sua alma gêmea está rodando pelo mundo pronta para te encontrar.

O SEU AMOR É VOCÊ MESMA.

Você é completa. Você pode dar mil voltas, encarar subidas e descidas naquela história que parecia linear. Você não é linear e suas relações também não. Elas são mais complexas porque envolvem ainda mais gente, outras histórias, outras vivências. Então, honre a luta de todas as suas ancestrais que sofreram em suas histórias de amor para que nós, um dia, pudéssemos estar aqui. Honre a luta delas e se blinde contra as divergências e dificuldades que possam ocorrer em um relacionamento porque essa relação de poder deixou sequelas. Ainda temos que lidar com relacionamentos abusivos, comentários que nos diminuem, que nos fazem sentir desequilibradas e paranoicas.

VOCÊ NÃO ESTÁ LOUCA.

Toda ação tem uma reação e você não é obrigada a lidar com as divergências (de opinião, de comportamento, de forma de sentir e de expressar o que sente) com um sorriso no rosto. Às vezes, nós somos, sim, agressivas, desconfiadas e incisivas, mas nada disso é à toa. A sociedade nos colocou em uma posição vulnerável e poucas pessoas reconhecem isso. Mas nós estamos aqui para mudar esse cenário. Juntas.

COM AMOR, É CLARO.

MOMENTO *interativo*

A LISTA DE APRENDIZADOS QUE NÃO VAI TERMINAR NUNCA...

* O que eu sei é que amores são muitos. Amores podem ser vários. E amores nunca são iguais.

* O que eu aprendi é que amar vale a pena. Mesmo que não seja para sempre. Mesmo que esse amor morra, nasça de novo, se vá, volte ou fique.

* O que eu aprendi é que um amor completo se faz de dois inteiros. Que ninguém completa ninguém e que sim, dois se somam para viver algo maior, mais bonito e mais forte, que possa transcender a nossa própria existência e experiência.

Complete a lista com os seus aprendizados, tire uma foto para eu ver e poste com a hashtag #PorTodasNós. Vou amar reconhecer nas suas experiências, as minhas. Vou amar saber como é que o amor marcou você.

*

*

*

*

*

*

*

CAPÍTULO

6

PARTE 2:

Amor, durante...

NA MINHA VIDA, TIVE MUITAS FASES COM MEUS RELACIONAMENTOS. A PRIMEIRA FOI A DE ME "GUARDAR" PARA ALGUÉM QUE VALIA a pena, por causa de toda aquela história que mulher tem que se fazer de difícil, de não ficar mal falada, nem ser rotulada de rodada. Eu beijava pouquíssimas bocas por ano — umas três, no máximo — e falava isso como se fosse uma vitória ou um exemplo de conduta. E foi nessa fase que eu conheci o Rodrigo, meu primeiro namoradinho, aos 15 anos.

Rodrigo era
cunhado de um amigo do namorado da minha melhor amiga, tipo esses parentescos que a gente nunca entende. Em resumo, tínhamos amigos em comum e acabamos nos adicionando nas redes sociais e conversando. Ele fazia muito o tipo modelinho de revista, só que mais maloqueirinho, e eu morria de amores por esse tipo (confesso que ainda tenho uma queda). Eu morava em Mongaguá e ele em São Paulo, mas fazia questão de ir vê-lo todos os finais de semana possíveis. Minha mãe era minha cúmplice, sempre me levava.

NOSSOS PROGRAMAS ERAM BASICAMENTE IR AO SHOPPING PARA VER COISAS QUE JAMAIS COMPRARÍAMOS, IR AO CINEMA PARA NÃO ASSISTIR AO FILME OU FICAR NA GARAGEM DA MINHA AVÓ FAZENDO NADA.

ANOTAÇÕES

Pensamento livre

....

....

....

....

....

....

Aos 15 anos,
fazer essas coisas de mãos dadas com um cara bonito, que eu podia chamar de namorado, era uma das coisas mais emocionantes de todas. Eu era a menina mais apaixonada do mundo. Sério, nenhum dos meus amigos atuais me reconheceria.

Só falava no Rodrigo. Ele era a melhor coisa que já tinha me acontecido. Eu queria me mudar para São Paulo, em um bairro superafastado, só para morar perto do Rodrigo ou com o Rodrigo. Todas as minhas amigas já se referiam a ele como "mozi" de tanto que eu o chamava assim.

MIMEI AQUELE GAROTO COMO SE ELE FOSSE UM REI. NÃO VIA GRAÇA EM MAIS NINGUÉM, FAZIA ABSOLUTAMENTE TUDO O QUE ELE QUERIA, E O QUE ELE NEM FAZIA QUESTÃO TAMBÉM.

Eu viajava toda semana para vê-lo. Ligava para o Rodrigo quase todos os dias e ficava horas no telefone. Rodrigo estava desenhado em todas as folhas da minha apostila escolar. Eu faria qualquer coisa por ele.

E FIZ.

Mandava mensagem o dia todo, contava tudo o que sentia, dedicava para ele todas as músicas de amor que eu conhecia, metia o louco com meus irmãos para vê-lo até quando não podia, comprava todos os presentes do mundo, tomava anticoncepcional porque ele achava uma boa ideia — antes mesmo de a gente transar —, pagava os ingressos pra entrarmos nos lugares, me arrumava do jeito que ele gostava, na hora que ele queria...

EU NÃO IMAGINAVA MINHA VIDA SEM AQUELE GAROTO.

Aos poucos,

percebi ele se afastando, lá pelo sétimo mês de namoro. Fiquei um tempão sem entender o que estava acontecendo até que eu perguntei, numa boa, se tinha alguma coisa errada com o nosso relacionamento e parecia que ele já estava com o texto decorado na ponta da língua. Terminou comigo por SMS, sem mais nem menos.

SURPRESA? NÃO DEVIA.

Eu nunca disse que ele era loucamente apaixonado por mim. Ele falava superpouco sobre nós ou sobre a Ellora. Ele era um namorado bem mais ou menos, na verdade. Mandava somente as mensagens necessárias, dizia na lata que foi gostando de mim aos poucos.

EU QUE O COLOCAVA NAQUELA POSIÇÃO TÃO PRIVILEGIADA NA MINHA PRÓPRIA VIDA. AFINAL, SEMPRE ME DISSERAM QUE HOMEM NÃO PRESTA, QUE EU TENHO QUE CUIDAR DO "MEU" PARA ELE NÃO ME TRAIR E QUE SE ELE TRAÍSSE, CLARO, ERA CULPA MINHA.

Então, quando eu achei um cara mais ou menos, já me dei por satisfeita. Ainda era otimista, viu? Me achava sortuda e mentia para mim mesma dizendo que podia ser pior.

Mas, sim,

um relacionamento mais ou menos é uma merda enorme. Eu fiquei um caco. Fiquei um tempão sem querer ver ninguém na minha frente e tremia sempre que ia ao Parque Ibirapuera com medo de encontrá-lo e ver que ele estava ótimo enquanto eu ainda estava péssima.

FOI AÍ QUE ENTENDI MUITA COISA SOBRE RELACIONAMENTOS. PRINCIPALMENTE, SOBRE A NOSSA POSIÇÃO DENTRO DELES.

Rodrigo estava totalmente confortável com o lugar em que me coloquei. Me permiti a submissão e vi isso como algo positivo. Ele sempre teve poder sobre aquela relação, e eu achava que, dando o meu melhor, conseguiria mantê-lo comigo.

A GENTE NÃO TEM PODER NENHUM SOBRE ABSOLUTAMENTE NADA.

Não é porque você tem um relacionamento fechado que sua companheira não vá se sentir atraída por outra pessoa. Não é porque seu relacionamento é aberto que seu companheiro não vá sentir ciúmes. Não é porque você a conhece há dez anos que ela não vai mudar. Não é porque você o mima que ele não vai embora.

Se tem algo que eu me orgulho muito
nos meus relacionamentos seguintes,
foi a posição em que me coloquei.

E QUANDO DIGO COLOCAR, É QUASE COMO UM ESFORÇO FÍSICO.

Realmente tive que afirmar, das formas mais subjetivas possíveis, que eu só admitia um relacionamento se houvesse equilíbrio e reciprocidade.

Dói muito ter que fazer isso. Dói ver pessoas incríveis indo embora porque não sabem lidar com isso. Dói ser vista como uma mulher ameaçadora.

MAS ME DÓI MUITO MAIS SABER QUE EU SOU VISTA COMO AMEAÇADORA SÓ POR QUERER EQUIVALÊNCIA, IGUALDADE DE ENTREGA EM UMA RELAÇÃO.

Equivalência na hora de decidir o restaurante. Equivalência na hora de pagar a conta. Equivalência no tom de voz. Equivalência na hora de lavar os pratos. Equivalência na rodinha de amigos. Equivalência no carinho. Equivalência na admiração e no respeito. Equivalência na cama.

NÃO EXISTE
amor
SEM
EQUIVALÊNCIA.

Eu não quero me sentir no controle da situação, não tenho controle sobre nada e nem quero. Já me livrei desse peso. Mas não admito não ter a mesma influência que meu parceiro na nossa relação. E mais do que isso, reconheço os limites dessa influência. Eu sei até onde ele pode ir.

As decisões

da relação são nossas, mas da minha roupa, do meu cabelo, da minha casa, do meu trabalho, do meu dinheiro, do meu telefone, do meu corpo, da minha comida, do meu peso, da minha depilação, das minhas amizades, cuido eu. Essas coisas são importantes demais para mim. E são só minhas.

e-qui-va-len-te

Equivalente é um adjetivo de dois gêneros oriundo do francês "équivalent" e expressa algo que possui igual valor.

A GENTE SEMPRE SE ENGANA ACHANDO QUE TEM PODER SOBRE AS PESSOAS.

EU NÃO TENHO E NEM QUERO.

Dou total liberdade para todos os meus parceiros, faço questão que me contem tudo. Se já quis pegar uma amiga minha, coisas sobre o ex, o que eu faço que os incomoda, qual famosa eles pegariam. Porque eu, Ellora, não vejo traição nisso. Traição, para mim, é me fazer infeliz. Mas isso é um acordo de todo casal, cada pessoa tem seus limites. Conversar sobre até que ponto você se sente confortável é fundamental para a outra pessoa saber quando estiver exagerando.

INCLUSIVE, SEMPRE OS LEMBRO QUE SE ELES QUISEREM IR EMBORA, NÃO DEVEM SE PREOCUPAR COMIGO, PODEM IR SEM OLHAR PARA TRÁS.

Eu não quero ninguém por piedade. Quero a companhia de alguém que decida, todos os dias, que estar comigo é melhor do que não estar. Essa é a única razão para ter um relacionamento.

EU TOMO ESSA DECISÃO TODOS OS DIAS. SE AMANHÃ ACHAR QUE DEU, DEU.

Depois desses aprendizados, me apaixonar se tornou muito mais leve. Quando você se vê como um inteiro, é muito interessante descobrir todas as formas de se transbordar.

Saber que você tem

alguém que te admira, que confia em você, que escolheu compartilhar os dias com você porque viu coisas que não viu em mais ninguém. Aí, sim, se vive bem o amor. Quando se entende que um relacionamento é a junção de pessoas que — com todas as diferenças, vulnerabilidades, dificuldades, sonhos, alegrias e anseios — decidem se unir. Com experiências diferentes, mas a mesma intenção: melhorar.

a-bu-si-vo
Aquilo que constitui abuso, extrapolação de direitos.

E não pense que eu não me meti com outros "Rodrigos" na vida. A gente se engana muito e, às vezes, o Rodrigo vem com máscara de Ricardo, Gustavo, Ivan. Falam o que queremos ouvir e depois se mostram de verdade. Nem sempre conseguimos identificá-los. Eu já tive que lidar com situações em que eu duvidava da minha própria sanidade. Jurava que estava com a razão, mas no fim da discussão me sentia errada. Ou ia toda feliz compartilhar uma conquista minha e depois me sentia mal. Ou controlava, de forma muito sutil, minhas amizades, tarefas, roupas. Não precisa ser direto, mas comentava como eu ficava mais bonita com outra roupa. Às vezes eu sentia que a culpa dele ser tão agressivo era minha. Mas não era. Nada que outra pessoa faça, é sua culpa. Se você se pega duvidando se ele faz essas coisas para o seu bem, ouça a voz que duvida. Porque se te fizesse bem mesmo, você teria certeza.

NUNCA É LINEAR.

Amar é unir todas as suas experiências com a de alguém e criar novas. Amar é se amar; para assim poder amar o outro de forma plena.

PERMITA-SE. AMAR É VIVER O HOJE COM ALGUÉM. AMAR É SER MUITOS.

não tenho

CONTROLE

sobre

nada,

E NEM

QUERO

MOMENTO *interativo*

SEMPRE PODE MELHORAR!

Escreva na página ao lado um momento em que você não se sentiu confortável com seu atual ou último relacionamento. Um momento em que você se sentiu menor, menos importante. Em seguida, escreva o que pode fazer para melhorar. Vale sugerir um diálogo, um filme que retrata esse momento... ou mostrar essas páginas para alguém que você considere importante em saber como se sentiu. E como pensa em superar tudo isso. Porque passa, viu? Acredite em mim!

CAPÍTULO

6

PARTE 3:

Amor em stand-by

(ou o amor por mim)

ESSA FASE QUASE NUNCA COMEÇA COM UMA DECISÃO NOSSA. GERALMENTE, ELA É CONSEQUÊNCIA DE UMA PUTA DECEPÇÃO, não só com o companheiro, mas comigo, com você. Sim, nós mesmas. A gente faz mil planos, se coloca em mil situações, confia, ama de todo coração, se deixa levar pela vulnerabilidade de ser "só dele" — como ele mesmo diz, apresenta para família, dorme junto toda noite, adota uma gata juntos, fala que ama para sempre.

AÍ, VEM A VIDA, MANA, E FAZ O QUE ELA SABE FAZER DE MELHOR: LEMBRAR QUE NÃO TEMOS CONTROLE DA SITUAÇÃO.

Às vezes, começa com uma rejeição repentina. Outras vezes com pequenas decepções diárias que vão se somando, somando, até transbordar (ou te esgotar!). Ou você simplesmente sente que está no lugar errado e se esforça para confiar na sua intuição: não estava dando mais.

Mas todas essas opções são muito dolorosas. Vem aquela pontada no fundo do peito, um nó na garganta, enjoo só de lembrar de todas as coisas que ele fez. Uma sensação completa de injustiça. É uma mistura de tristeza, ódio e pena de si mesma.

SE É HORRÍVEL SENTIR PENA DAS OUTRAS PESSOAS, IMAGINE DA GENTE!

Eu já vivi várias situações assim. O fim do meu último relacionamento foi perturbador.

Frequentemente, acordava sem saber se ainda estávamos juntos. Foi dessas relações que doem, machucam, calejam mais e mais a cada dia. As verdades dele me faziam engolir seco, os comentários me transformavam em menos que nada.

EU MESMA DUVIDAVA DA MINHA PRÓPRIA SANIDADE, DO QUE HAVIA FALADO, FEITO, SENTIDO, PROMETIDO. SENTIA QUE ESTAVA CONSTANTEMENTE FAZENDO TUDO ERRADO, QUE EU NÃO ERA NEM DE LONGE O QUE ELE QUERIA, MUITO MENOS O QUE PRECISAVA.

Sentia que eu era um fardo e que precisava mudar. Afinal, ele era sempre "tão bonzinho comigo, jamais me faria mal" (contém ironia, é claro).

MAS OS BOYS FAZEM. E ELES SABEM QUE FAZEM.

Meus amigos não conseguiam acreditar que eu, mulher plenamente consciente de todas as formas que um relacionamento pode ser tóxico, me envolvi tão cegamente. A ponto de nem questionar as intenções dele.

Mas se tem uma coisa que eu aprendi nessa história é que se o cara não respeita as suas prioridades, você não deve se relacionar com ele. Simples assim. Você só tem as suas prioridades, elas são o que fazem você, são o grau de importância que você dá para cada detalhe na sua vida. Se o boy te achar maluca, você troca de boy, viu? Nunca de prioridade.

Enfim...
não demorou muito para terminarmos. A situação era insustentável de tão sufocante. Eu me lembro de sorrir quando o vi saindo de casa pela última vez. Foi uma sensação completamente bizarra, uma mistura de luto e alívio. Passei as semanas seguintes chorando horrores e usando o suéter que ele mais gostava enquanto ouvia a nossa música no *repeat*. Completamente inconformada.

ANOTAÇÕES

Pensamento livre

....

....

....

....

....

....

....

....

....

A VERDADE É QUE A GENTE PRECISA SE DAR AO LUXO DE SOFRER.

Não existe vida sem sofrimento, as divergências simplesmente vão acontecer, vão sair do controle, nós vamos nos decepcionar.

Principalmente com as pessoas. Todos estão em constante mudança. Cada dia, a cada passo, passamos por uma transformação. E nem sempre sabemos lidar com todas as versões de nossos parceiros. Eles estão mudando. Você não precisa fingir que tá tudo bem.

VOCÊ SÓ TEM
AS SUAS
prioridades

ELAS SÃO
o que
FAZEM
VOCÊ

ENTÃO, SE PERMITA VIVER TODAS AS EMOÇÕES, ATÉ AS RUINS. NÃO SE DESCULPE POR SENTIR. SENTIR NÃO É RUIM, É O QUE TE TORNA UMA PESSOA.

Se te fizer melhor, vale chorar sem entender nada, contar mil vezes a mesma história, ouvir as músicas favoritas dele, ficar caçando o cheiro dele pela fronha, reler as mensagens, avisar todo mundo para não perguntar mais sobre ele, mesmo que você pergunte para si mesma a cada cinco minutos.

É nesse momento que a gente aprende que, para juntar os cacos, é preciso tempo e boa companhia.

Lidar com o fim de uma história sempre exige muito de nós, física e mentalmente. Minha terapeuta sempre falava da importância de ter um "time do bem", como se fosse uma rede de apoio com alguns amigos que se importam de verdade contigo e querem te reerguer.

Hoje, vendo tudo do lado de fora do furacão, entendo muito mais a importância desse time. Em tempos de caos, a gente fica completamente sem rumo, enxerga as coisas de uma forma muito confusa. Não sabe o que é real, o que é invenção da nossa cabeça, qual é a hora de pensar e qual é a hora de sentir... enfim, a razão some e a gente não entende de jeito nenhum o que fez de tão errado.

ACREDITE:
VOCÊ NÃO FEZ NA-DA ERRADO.
VOCÊ SÓ FOI HUMANA!

E, por mais que esse percurso seja doloroso, é muito lindo ver como os gatilhos diários vão ganhando novos significados e como a gente aprende diariamente com eles.

DE REPENTE, VOCÊ PASSA A TER A LIBERDADE DE ESCOLHER O SABOR DA PIZZA, QUAL A PRÓXIMA MÚSICA QUE VAI TOCAR NO CARRO, VER A SUA SÉRIE PREFERIDA NA HORA QUE BEM ENTENDER, SAIR SEM SABER A QUE HORAS VOLTA, PASSAR UM FIM DE SEMANA INTEIRO NA CASA DA SUA MELHOR AMIGA SEM SE SENTIR CULPADA, DECIDIR O DESTINO DA PRÓXIMA VIAGEM OU A PRÓXIMA BOCA QUE VAI BEIJAR. SEM MEDO DE SER JULGADA, CRITICADA, "CORRIGIDA". SEM MEDO DE SER FELIZ.

Para mim, essa aqui foi a melhor parte. Foi a minha redescoberta, minha redenção, minha vez. Foi quando entendi até que ponto a gente pode ceder. Porque um relacionamento é isso, é ceder cada dia um pouquinho para o bem da relação. É, sim, abrir mão, saber que nem sempre as coisas vão ser do nosso jeito e nem devem, porque não se trata só da gente.

Existem outras histórias envolvidas em um relacionamento que também merecem atenção.

Mas tudo tem limite. É triste como a gente não escuta nossa intuição. Todo relacionamento tem altos e baixos, como tudo na vida. Existem fases ótimas, em que todas as partes estão bem e outras em que estamos fragilizados. É difícil enxergar os limites, eles são muito, muito tênues.

MAS TEM UMA MÚSICA DA *BANDA MAIS BONITA DA CIDADE* QUE SIMPLESMENTE RESUME QUANDO É A HORA DE PARAR. ELA DIZ "SÓ ME DEIXE QUANDO O LADO BOM FOR MENOR DO QUE O RUIM". ISSO É LINDO!

Demora para gente reaprender a ficar sozinha, deixar os relacionamentos em *stand-by* e voltar a se curtir. É louco como nos esforçamos para ser gentis e educadas com todo mundo, com exceção da gente. Falamos coisas para nós mesmas que jamais falaríamos para mais ninguém.

E é nessa fase que a gente se perdoa. Por ter acreditado, por ter insistido, por não querer ir embora. É necessário se olhar no espelho com respeito e admiração pela coragem de ter saído dessa com só algumas sequelas, alguns poucos arranhões na alma e hematomas no coração. Mana, a gente se subestima muito.

Depois de uns meses, parece que aquilo tudo aconteceu em outra vida. Eu lembro que doía, mas não dói mais. Eu não olho mais para ele com aquela paixão cega. Agora o vejo e fico cheia de dúvidas. É como se eu tivesse invertido os papéis. Como se todas as certezas que eu tinha sobre ele se transformassem em certezas sobre mim. Agora eu sei o meu lugar, sou muito diferente da mulher que beijou aquela boca e se deixou levar pelo calor daqueles braços.

Lembro que quando terminei meu primeiro relacionamento, um cara perguntou se eu estava solteira e eu respondi: "Indisponível". Hoje não vejo mais as coisas com essa polaridade preto no branco. Eu prefiro ver todas as escalas de cinza.

NEM SEMPRE É TÃO SIMPLES. NEM SEMPRE É SE TÁ NAMORANDO, NÃO PODE NEM CONVERSAR. SE TÁ SOLTEIRA, QUER CONHECER GENTE NOVA. NÃO.

Houve momentos em que eu só queria saber de mim. Da minha vida, das minhas escolhas, de reconstruir tudo, de reaprender a curtir a minha própria companhia como se eu fosse a minha melhor amiga.

re-co-me-çar

Verbo transitivo: começar de novo; refazer depois de interrupção: recomeçar um trabalho. Retornar a fazer qualquer coisa.

permita-se viver

TODAS AS

emoções

(até as ruins!)

Porque só eu sei o que realmente eu gosto e não gosto, o que me fere, o que encanta os meus olhos, o que faz meu coração vibrar, a minha pele arrepiar... só eu sei quais são minhas prioridades.

Por isso é tão importante

A GENTE SE VER COMO UM SER INTEIRO, COMPLETO EM SI MESMO.

É muito sobre cuidar bem de você para que outra pessoa possa cuidar também. Para estar pronta para essa vulnerabilidade que é amar. Para saber quais são os limites. Para entender tanto as nossas dificuldades quanto as nossas potências e crescer a dois.

EU ACREDITO MUITO NO AMOR. OU MELHOR, EM AMORES. TENHO CERTEZA DE QUE ELE SE MANIFESTA DE DIVERSAS FORMAS EM DIFERENTES FASES DA VIDA.

Acredito

que ele possa ter uma longa duração e satisfazer duas pessoas por muitos anos, ou não. Também pode ser amor em pouco tempo, não tem como contar no relógio. Aquela viagem com aquela garota, por exemplo, pode ter sido incrível e acabar tão rápido quanto chegou e não ser menos amor em nenhum grau por conta disso.

> ACREDITO QUE HÁ PESSOAS E MOMENTOS QUE SE CRUZAM NA HORA CERTA, SE ENVOLVEM, SE PERMITEM, SÃO FELIZES JUNTOS. E PASSAM. PARA QUE NOVAS PESSOAS NOS ENCONTREM EM NOVOS MOMENTOS E QUE A GENTE SE PERMITA, MAIS UMA VEZ, A DÁDIVA DE AMAR E SER AMADA.

Somos humanos em eterna transformação. Mudamos com tudo que vemos, tocamos, lemos, acreditamos. E também por quem nos apaixonamos. Aproveite toda oportunidade de amar que você tiver. E esqueça o fantasma chamado fim.

MOMENTO *interativo*

O AMOR ENSINA!

Refletir sobre o papel de cada relacionamento na sua vida é fundamental. Mesmo aqueles amores com finais não muito felizes devem ter te ensinado algo importante. Reflita sobre as relações que já viveu e liste os maiores aprendizados de cada uma delas.

Depois, faça uma lista do que espera de um amor a partir de agora. Quais características você sabe que não pode abrir mão, que são essenciais para você.

Esse exercício vai falar mais de você do que de quem você espera. Pode acreditar em mim. E se um dia estiver em dúvida, volte aqui e releia. Ninguém sabe das suas prioridades melhor que você.

Amor:

____

Aprendizado:

____

____

____

Amor:

____

Aprendizado:

____

____

____

Amor:

____

Aprendizado:

____

____

____

Amor:

Aprendizado:

Agora, escreva esse amor que você espera: como ele é? O que sente? Como gosta de tratar você? Quais as qualidades que ele precisa ter para que você consiga se conectar a ele da melhor forma? O que ele não deve fazer de jeito nenhum? Quais são os traços de personalidade mais marcantes que ele deve ter? E os valores, de quais você não abre mão?

P.S.: Mana, me atualize dos crushes que eu sou supercuriosa.

CAPÍTULO 7

O que é ser feliz?

FELICIDADE É VER O ATHAMY RINDO. NÃO É UM LUGAR, NÃO É UMA SITUAÇÃO, É UMA COISA QUE TÁ NA GENTE E QUE NÃO VAI SE manifestar o tempo todo.

Tem gente que encara a felicidade quase como uma linha de chegada. Aquela meta esperada durante uma vida inteira. Virar a chefona da vida adulta. Uma coisa para se conseguir depois de muito esforço, trabalho e dias ruins. Como se você só fosse consegui-la depois de pagar por todos os seus pecados (e boletos).

Tem gente que vê a felicidade como algo que simplesmente acontece. Puro acaso, alinhamento dos astros e planetas, uma dádiva divina, um presente dos anjos, algo que aparece se você for uma pessoa de sorte ou nascer com os genes certos para isso.

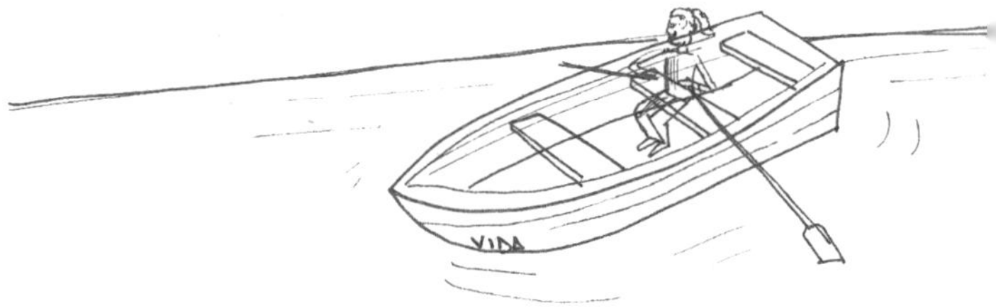

Tem gente que encara a felicidade como uma construção diária. Um sentimento que é consequência das coisas que você produz todos os dias, das escolhas que faz a todo momento. Resultado de muita paciência com as adversidades e gentileza consigo mesma. Vontade de ser feliz e tomar essa decisão diariamente.

EU ACHO QUE SOU, PRINCIPALMENTE, DESSE TIME DA FELICIDADE DIÁRIA. MAS NEM SEMPRE... EU VIVO ME PERDENDO NAS MINHAS PRÓPRIAS CERTEZAS.

Às vezes, me pego pensando que nasci com a sorte de ser feliz como se isso fosse, de fato, um presente. Mas, quando paro para pensar sobre, vejo como tudo isso foi uma construção minha.

E não que eu seja mais merecedora do que outras pessoas. De jeito nenhum! Foi literalmente uma construção de vida, totalmente inseparável de uma educação maravilhosa que eu tive.

E quando falo que é uma decisão, não se trata de mentir para si mesma como se estivesse tudo bem. Eu já tive momentos péssimos como todo mundo. O divórcio dos meus pais, a pressão pela estética perfeita, os relacionamentos abusivos, a carga mental difícil de carregar e administrar, a baixa autoestima intelectual, a depressão, a ansiedade, a bulimia, a anorexia... Sim, sou toda fodida da cabeça.

Tenho cicatrizes enormes, assim como todas vocês. A vida é cheia de adversidades. Para alguns mais, para outros menos. Lidar com pessoas é encarar esse desequilíbrio. Cada um de nós é um universo inteiro.

MAS EU SOU FELIZ DEMAIS.

Não, não sou feliz o tempo todo, todos os dias. Muito pelo contrário: às vezes, fico pilhada por nada, chateada com algo que li e achei que fosse para mim, crio mil coisas na minha cabeça, choro lembrando que minha família nunca mais será a mesma. E tá tudo bem.

EU SOU FELIZ PORQUE APRENDI A ME ENXERGAR COM GENTILEZA.

Até os meus dezoito anos, eu simplesmente não falava sobre sentimentos desagradáveis. Sempre fui do tipo que chorava no quarto escondida, sem ninguém saber. E se alguém me perguntasse o que estava rolando, mentia.

Não queria que me associassem com tristeza, vulnerabilidade... e levei isso para um extremo. Fingia que estava bem o tempo todo, vivi a bulimia e a anorexia sem terapia, sem o apoio da minha família, sem a confiança de uma amiga para me abrir. Foi uma decisão péssima. Toda essa dor ficou só para mim.

EU, COM CERTEZA, TERIA MELHORADO MUITOS ANOS ANTES SE TIVESSE PEDIDO AJUDA. E TER ESCOLHIDO NÃO ME TRATAR NA ÉPOCA FOI UM AGRAVANTE PARA A DEPRESSÃO E A ANSIEDADE QUE TIVE ANOS DEPOIS.

Hoje, me permito viver os sentimentos que vierem. Se eu sentir saudade da minha família no metrô, em pleno horário de pico, vou chorar. Se me sentir desconfortável com o comentário de uma namorada, vou falar. Se sentir raiva da avaliação de alguém, vou falar também. Não é isso que me torna vulnerável porque eu já sou assim. Todo mundo é.

Assim como todo mundo também tem muita força e muita firmeza. Somos nuances de todos os sentimentos e eu me permito acolhê-los desde que seja saudável para mim, tanto física quanto emocionalmente. Não me torno outra pessoa só por manifestar um sentimento diferente. Continuo sendo eu.

E quando eu sinto que as coisas estão muito caóticas, é claro que me esforço mais. A vida não para pra eu sentir, o mundo continua girando. E é preciso, sim, respirar bem fundo e escolher ser uma pessoa ativa. Tomar um banho, colocar uma roupa e sair.

Nesse momento, estou puta da vida com meu namorado. E eu vou passar meu batom, colocar uma música e sair para trabalhar. Decidi manter a calma e resolver as coisas depois. Nem sempre é tão fácil, mas sempre que estiver ao meu alcance, vale a iniciativa.

HOJE, A MINHA IDEIA DE FELICIDADE É ASSIM: ALGO QUE ESTÁ DENTRO DE MIM, NÃO EM ALGUÉM OU ALGUM LUGAR.

E eu preciso explorar isso. Preciso colocar isso para fora. Minha terapeuta fala muito sobre a importância de nos colocarmos nas situações em que queremos nos ver mais.

CADA UM
de nós
É UM
UNIVERSO
inteiro

MESMO QUE COM INSEGURANÇAS E INCERTEZAS, A GENTE DEVE CONFIAR NAS NOSSAS VONTADES. EU, POR EXEMPLO, ME VIA MUITO DISTANTE DE ESPORTES RADICAIS, MAS SEMPRE TIVE VONTADE DE SURFAR, FAZER TRILHA, RAPEL... ESSAS COISAS "DIFERENTES". MEUS AMIGOS ATUAIS NÃO OCUPAM ESSES ESPAÇOS, EU ME MANTINHA DISTANTE.

Mas isso acabou. Passei os últimos finais de semana correndo, fazendo *wakeboard*, já estou com trilha marcada e procurando praias com aula de surfe. Ninguém me incentivou, ninguém sabia dessa minha vontade. <u>Era um passo que eu tinha que dar e me fez tão bem</u>. Me reconectou com uma versão minha da qual me orgulho muito.

ALÉM DISSO, DESCOBRI QUE FELICIDADE TEM MUITO A VER COM OCUPAR NOSSO PRÓPRIO CORPO.

Além de aprender a me amar e respeitar o corpo onde eu moro, demorei muito para cuidar dele. Sempre fui muito relaxada em relação à minha saúde física, comia realmente muito mal, não me hidratava, detestava qualquer tipo de atividade física, tinha muita rejeição pela cultura da magreza e achava que qualquer atividade física se associava imediatamente à busca pelo corpo malhado e perfeito...

Até que aprendi como a saúde física e mental são uma só.

Saúde é uma malha com todos os seus hábitos, do que você come até o que você pensa. Os hormônios liberados durante a atividade física são fundamentais para a melhora do nosso humor. Ativar o seu corpo, no seu ritmo e do seu jeito, te prepara para ser ainda mais feliz. Literalmente.

SE HOJE EU ESTOU BEM, NÃO FOI POR MÁGICA, MILAGRE, INSIGHT REPENTINO. NÃO FOI SORTE. É ESCOLHA.

É escolher todos os dias fazer as coisas que me fazem bem, que estão coerentes com aquilo que quero para mim, com a forma como eu escolhi me sentir e me posicionar diante da vida. Mesmo quando a vontade é mínima.

Desde então, venho sendo mais ativa sobre a minha vida, sobre a forma como me comporto, sobre como eu quero que seja a minha relação com as pessoas.

EU DECIDI DIARIAMENTE DESLIGAR O PILOTO AUTOMÁTICO E PARAR DE ME ACHAR A PESSOA MAIS CUZONA DO MUNDO SÓ PORQUE ME SENTI DESANIMADA.

Descobri que
antes mesmo de me questionar se estou disposta a sair, eu já calço um par de tênis e vou para a rua com meus fones de ouvido, botar o corpo em movimento na intenção de melhorar como pessoa.

DE PROVAR PARA MIM MESMA QUE EU TAMBÉM CONSIGO.

Se tive tanta força para amar o meu corpo e aceitá-lo como ele é depois de anos de rejeição, o mínimo que posso fazer é cuidar dele enquanto há tempo. Vê-lo com gentileza. Porque a única pessoa que pode tirá-lo de casa sou eu.

gen-ti-le-za
Qualidade de gentil. Graça, elegância, galantaria, formosura. Ação nobre ou distinta. Amabilidade.

Também descobri que se vivo pensando que não faço o suficiente, quem vai falar o que é suficiente sou eu.

Eu me dou um número específico de tarefas diárias. Tantas do trabalho, tantas da casa e pelo menos uma só para mim. Todo dia.

A GENTE PASSA A VIDA INTEIRA SE CULPANDO POR TER FEITO ISSO OU DEIXADO DE FAZER AQUILO SENDO QUE A ÚNICA COISA QUE TEMOS É O DIA DE HOJE. MAIS NADA.

OUTRA COISA QUE AINDA ESTOU APRENDENDO, CONFESSO, É MUDAR MEU RELACIONAMENTO COM AS PESSOAS, ME DEIXAR CONFIAR UM POUCO MAIS, CRIAR LAÇOS MAIS FORTES.

A felicidade está diretamente ligada com a qualidade das nossas relações. Quero ser mais disponível para todo tipo de gente. Ser empática e pensar que essa pessoa teve uma vida completamente diferente da minha e nossas realidades podem coexistir pacificamente.

Principalmente com a minha família. Eles são os seres humanos que mais me deixam feliz.

Eu me sinto um pouco mais dona dos meus pensamentos, das minhas atitudes e palavras. Consigo perceber a tranquilidade que me traz cumprir as minhas pequenas tarefas diárias e agir de acordo com as minhas escolhas. E tudo o que vem de bom dessas atitudes é o que eu costumo chamar de felicidade.

Quando consigo ver minha família no fim de semana, quando assisto a uma série no fim do dia, quando saio para correr no sol, quando entrego meus vídeos no prazo, quando vou a uma exposição no meio da semana, quando ligo para minha melhor amiga na hora do almoço ou quando termino de escrever um capítulo deste livro. Quando sou tudo que posso.

EU SEI QUE SAIR DA ZONA DE CONFORTO DÓI. MAS É DO LADO DE FORA QUE AS MELHORES COISAS DA VIDA ACONTECEM.

E não se enganem, não acho que se matar, ter mil tarefas, fingir que ser a Mulher Maravilha é a solução, muito pelo contrário. Acho que a cultura da meritocracia está deixando muita gente doente.

O que eu quero colocar aqui é a nossa capacidade de fazer coisas que não temos o costume, mas que temos vontade. De pedir um prazo maior se for necessário. De se colocar em primeiro lugar e ocupar espaços que pensamos que não são nossos. De sermos quem a gente tem vontade de ser.

PORQUE – VOU REPETIR – TUDO QUE A GENTE TEM É O DIA DE HOJE E USAMOS ISSO MUITO MAL; OU TEMOS MIL PLANOS PARA O FUTURO OU MIL ARREPENDIMENTOS DO PASSADO.

MAS ESPERAR AS CONDIÇÕES MELHORAREM É UM PERIGO. AS CONDIÇÕES NUNCA SERÃO FAVORÁVEIS, A VIDA É CAÓTICA MESMO E A GENTE PRECISA LIDAR COM TUDO ISSO.

COMO A VIDA PARECE SER

COMO A VIDA REALMENTE É

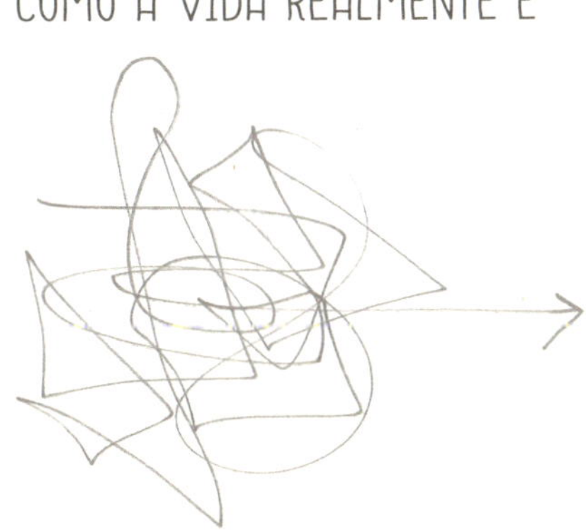

Por isso

é tão importante se cuidar, estar inteira, saudável e, com a cabeça boa. É como guardar dinheiro para uma emergência. Só que é uma reserva emocional para os momentos em que a vida não for tão generosa com a gente. Uma poupança de energia boa que nos mantém de pé nas horas difíceis.

ANOTAÇÕES

Pensamento livre

....

....

....

....

....

....

....

....

fe-li-ci-da-de

Substantivo feminino: estado da pessoa feliz, satisfeita, alegre, contente: a felicidade do vencedor. Satisfação; sensação real de satisfação plena; estado de contentamento. Êxito; circunstância ou situação em que há sucesso: felicidade na realização do projeto.

E assim,

um dia de cada vez, com muita gentileza, venho tentando me conhecer melhor. Fazendo escolhas conscientes e tentando manter ao máximo o foco no meu bem-estar e nas coisas que quero para mim e para as pessoas que eu amo.

Elas tornam isso muito melhor. Nem sempre eu cumpro todas as tarefas, às vezes, mudo minhas prioridades no meio do dia, cancelo algo de última hora só para poder ficar mais algumas horas com quem amo ou fazer algo com calma. E tá tudo bem.

COMO DIZIA A MÚSICA DA FORFUN: "DEIXO QUE AS ÁGUAS ME LEVEM, MAS QUANDO É PRECISO, EU REMO".

Acredite em mim:

1. Preencher as horas livres do seu dia com coisas que te façam bem é uma das melhores decisões que você pode tomar na vida.
2. Tomar as rédeas da situação é um exercício diário. Comece, continue, não pare. Não desista de ter nas mãos o controle das coisas que você pode controlar.
3. As situações, os outros, o mau tempo, o destino... são assim mesmo. Não espere as condições perfeitas.
4. Olhe mais para dentro de você. Pense no que te faz mal com honestidade.
5. Se você não está feliz, você pode mesmo melhorar. Um passo de cada vez.
6. Onde seu barco vai chegar é responsabilidade sua.

MOMENTO *interativo*

NAVEGUE PARA ONDE QUISER

O primeiro passo para melhorar é entender como. Para cada coisa que te incomoda muito, liste três coisas que você pode fazer para mudá-la. Você vai ver que não é simples nem fácil. Mas é um bom começo para remar o seu barco. Só não esqueça de ser gentil e de ter paciência com você mesma. O processo não é rápido nem mágico. Mas ser feliz importa. Você merece.

O que eu quero mudar:

____

Como posso mudar?

1. ____

2. ____

3. ____

O que eu quero mudar:

____

Como posso mudar?

1. ____

2. ____

3. ____

O que eu quero mudar:

____

Como posso mudar?

1. ____

2. ____

3. ____

CAPÍTULO 8

Somos todas irmãs!

DEMOREI MUITO PARA ENTENDER QUE NÃO ERA TÃO DOCE QUANTO ME ENSINARAM. QUE NÃO PRECISAVA DE UM PAI, IRMÃO OU namorado cuidando de mim. Que a função do homem não é proteger, cuidar, ser um escudo de proteção para passar em frente aos botecos ou sair do metrô à noite. Que embora o mundo me veja como um alvo fácil, frágil e acessível, a única pessoa que pode mudar o jeito como o mundo me vê sou eu mesma.

E já adianto que esse não é um jogo justo. O mundo não ajuda mulheres a descobrirem sua força.

A primeira imagem

que tenho quando ouço "mulher" é da minha mãe. Sempre foi um exemplo de esposa, mãe, dona de casa e cidadã. Sempre foi extremamente atenciosa, gentil, humilde, carinhosa, honesta e generosa. Eu mal consigo listar os adjetivos bons, pois são incontáveis. Mas, durante minha infância, nunca associei a imagem da minha mãe com poder, independência e luta. Sempre foram qualidades que via muito mais no meu pai, que saía todo dia para trabalhar e pôr comida na mesa. Sempre achei aquilo tudo heroico.

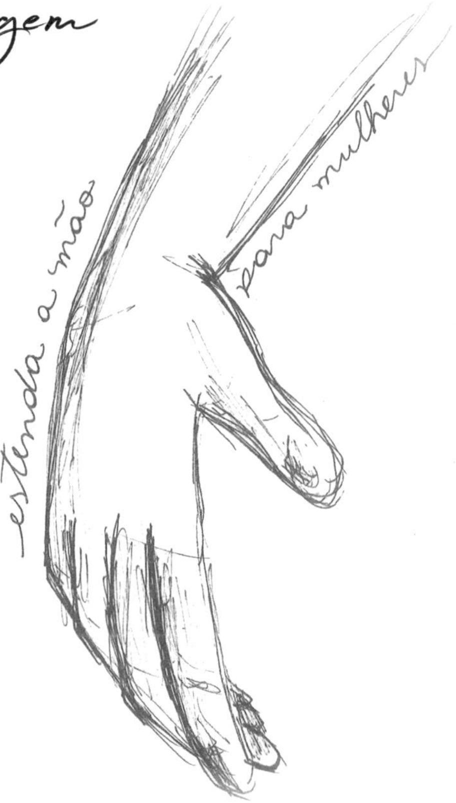

Hoje, entendo que as coisas não são tão simples quanto parecem. A luta feminista é por reconhecimento, muito antes de ser por espaço. Afinal, se eu nunca dei mérito à minha mãe por criar três filhos, limpar, lavar, secar, cozinhar, brincar, alfabetizar, dar amor e ficar esperando o ônibus sair para dar tchauzinho...
Como eu poderia vê-la em outro espaço?

Passei a vida toda agradecendo meu pai por me levar à loja de brinquedos para eu escolher um presente todo mês, mas nunca agradeci minha mãe por sentir o cheirinho de limpeza no quintal, por ter uma roupa limpa todo dia para usar, por me orientar em lições mais fundamentais para a vida: como ser generosa, não olhar o mundo e as pessoas com a lente do preconceito, ter força de vontade... e, claro, por não contar para o papai que eu levei uma advertência na terceira série.

ACREDITO QUE VOCÊ, QUE TÁ LENDO ISSO AGORA, SEJA DA MESMA GERAÇÃO QUE EU, ONDE MULHERES ESTÃO TOMANDO FORÇA NO MERCADO DE TRABALHO COMO NUNCA ANTES E FAZENDO UMA GRANDE REVOLUÇÃO SOCIAL, INCLUSIVE NAS MÍDIAS.

Mas as coisas não aconteceram assim com nossos pais e é importante dar o tempo que eles precisam para entender o novo mundo, com novos papéis para homens e mulheres. É como medir o nível de consumo de informação: quantas vezes você já não ouviu falar de feminismo, equiparação salarial, identidade de gênero, empoderamento... E agora pense que eles estão reproduzindo o que ensinaram para eles há pelo menos o dobro de tempo que você tem de vida. É um passo de cada vez, pessoa por pessoa.

Quero que fique claro aqui que o sonho da minha mãe sempre foi ter uma família, criar seus filhos e, para ela, esse era o modelo ideal. E a vontade dela, embora esteja nos padrões dos moldes da família tradicional brasileira, jamais deve ser questionada. A vontade de nenhuma mulher deve ser. Se ela quiser ser dona de casa, ótimo. Se quiser viajar o mundo em uma Kombi, ótimo também.

TODA VONTADE, HONESTA, DEVE SER RESPEITADA.

em-pa-ti-a

Habilidade de imaginar-se no lugar de outra pessoa. Compreensão dos sentimentos, desejos, ideias e ações de outrem. Qualquer ato de envolvimento emocional em relação a uma pessoa, a um grupo e a uma cultura. Capacidade de interpretar padrões não verbais de comunicação.

Hoje eu penso em todas as louças que podia ter lavado para dar uma força. Em todas as noites que eu podia ter pedido para ela deixar as responsabilidades comigo e ir tirar um tempo para ela. Que podia ter dado mais atenção quando ela disse que queria montar uma lojinha. Que eu podia ter comprado ingresso para o show que ela queria tanto ir. Que eu podia ter me tocado que enquanto gritava para ter direito de sair de roupa curta sem ser abusada, tinha uma mulher sendo abusada mentalmente, aguentando uma carga infinita de responsabilidades dentro de casa.

Só aprendemos o que é empatia, quando precisamos dela.

Quando eu comecei a pagar minhas contas, lavar minha roupa, trabalhar, estudar... foi quando caíram todas as fichas sobre a minha mãe. Inclusive, Mamãe Danusa, você é a mulher mais incrível que eu conheci. Às vezes, fico me perguntando quais são as histórias e cicatrizes que você nunca me contou para eu não me preocupar. Porque é exatamente o que eu faria com você.

NUNCA É TARDE PARA UMA NOVA CHANCE.
VOCÊ É MUITO MAIS FORTE DO QUE PENSA.

Gostaria muito que alguém tivesse me ensinado sobre empatia antes de sair de casa, para eu poder ajudar a mulher que mais me ajudou. Sério, qual foi a última vez que você ouviu, entendeu e se colocou no lugar das mulheres ao seu redor? Que você compartilhou uma informação útil, agradável, empoderadora com aquela mulher que sofria por desconhecimento? Informação liberta. Isso é fato.

fe-mi-nis-mo

Movimento articulado na Europa, no século XIX, com o intuito de conquistar a equiparação dos direitos sociais e políticos de ambos os sexos, por considerar que as mulheres são intrinsecamente iguais aos homens e devem ter acesso irrestrito às mesmas oportunidades destes. (O movimento pressupunha, já de início, uma condição fundamental de desigualdade, tanto em termos de dominação masculina ou patriarcado, quanto de desigualdade de gênero e dos efeitos sociais decorrentes da diferença sexual.)

Temos uma tendência muito arrogante de pensar que "isso não é problema meu", "já tenho problemas demais", mas você não imagina o quão acolhedor é se sentir realmente compreendida, apoiada e aceita. E é ainda mais construtivo quando é recíproco, quando ambas estão ali, uma pela outra. Aqui vão algumas situações práticas em que podemos nos ajudar de verdade. Eu sei que parece utópico, mas não é.

É UMA QUESTÃO DE CONSCIENTIZAÇÃO E TODAS NÓS PODEMOS COLABORAR, SEJA COM ALGUMAS PALAVRAS OU GRANDES ATITUDES.

ANOTAÇÕES

Pensamento livre

....

....

....

....

Se você ouvir

uma história de violência doméstica, evite os julgamentos. A vítima já tem uma tendência a se culpar, então, é de extrema importância que você oriente essa mulher a se libertar desse círculo vicioso. Dê opções, faça enxergar que ainda existem alternativas e que ela não é refém da situação. Sempre pense: podia ser com você.

Se você ver

uma mulher em situação de risco ou mesmo de vulnerabilidade na noite, na balada, na rua, no metrô, não finja que não viu. Com certeza você também já passou por uma situação dessas e sabe o quão desagradável, constrangedor e apavorante pode ser o simples ato de andar de transporte público. O ideal é avisá-la caso ela ainda não tenha percebido, andar próxima a ela para se sentir mais segura ou, em uma situação de abuso, finja que a conhece, pergunte se não quer se juntar a você, longe do abusador.

Se você conhecer

uma mulher que sofre por conta da aparência, mostre exemplos de mulheres lindas que se parecem com ela, faça com que ela entenda a importância da representatividade, elogie coisas além da sua estética, como sua capacidade, desempenho, postura e talentos. Construa a autoestima dela baseada em qualidades que vão além da beleza, mas sem diminuir a importância disso. Não tenha medo de verbalizar o que você admira nela, aquilo que ela tem de mais belo e único.

Outro ponto importante quando se trata de empatia, é entender que a rivalidade feminina também é uma construção social. Essa história de que "homem que é amigo de verdade", "mulher é muito invejosa", "pisar nas inimigas" é uma ideia machista, que divide as mulheres. Entenda: não somos rivais. Não precisamos competir. Você não tem que ser mais bonita, mais simpática ou mais inteligente que eu.

EU NÃO TENHO QUE SER UMA REFERÊNCIA PARA OUTRAS MULHERES SE NIVELAREM, NINGUÉM TEM. ESSA COMPARAÇÃO É TÓXICA E INVASIVA E SÓ REFORÇA A IDEIA DE QUE HOMENS TÊM MAIS PALAVRA, SÃO MAIS CONFIÁVEIS, HONESTOS E PRECISAM ESTAR EM TODOS OS ESPAÇOS. ISSO NÃO É VERDADE.

Quando se sentir diminuída pela beleza, talento ou capacidade de uma mulher, em vez de se culpar, se comparar, entenda: a beleza de uma mulher, não significa a ausência da sua. Tente se unir a ela. Aprenda com ela, troque experiências, ela tem muito o que aprender com você. Mulheres unidas são sempre melhores, mais poderosas e, quase sempre, imbatíveis.

Não precisa ter orgulho de "só andar com os meninos", porque as meninas podem ser tão engraçadas, honestas e sem frescuras quanto os garotos. Tenha mais amigas de verdade, seja cúmplice e parceira das mulheres que estão à sua volta.

Já temos que enfrentar a diferença de salário com os colegas homens, já somos interrompidas em reuniões por homens desrespeitosos, já somos menos cotadas para uma promoção do que eles, todas nós já enfrentamos uma situação de abuso ou humilhação no ambiente de trabalho.

E nunca é por falta de competência, mas por conta de uma herança histórica que nos lembra diariamente que estamos em desvantagem. Mas podemos virar o jogo.

Se você já entendeu que não precisa agradar o-pai-ou-o-namorado-ou-o-professor-o-marido-ou-chefe, faça outras mulheres reconhecerem isso.

SEJA UMA MULHER QUE LEVANTA OUTRAS MULHERES. ISSO TE FORTALECE.

Relembre as mulheres que estão ao seu redor que relacionamento abusivo é inaceitável.

Que não há nada que a obrigue a aceitar uma situação de subordinação, obediência e subserviência.

Se ofereça para ajudar

uma colega sobrecarregada com uma tarefa difícil, ou cuidar dos filhos de uma amiga para que ela possa fazer um curso à noite ou pegar aquele freela tão importante para pagar as contas sem se preocupar com as crianças. Olhe para as mulheres da sua família e se ofereça a ajudar de verdade nas tarefas domésticas. Sororidade também vale da porta para dentro de casa e eu queria muito ter entendido isso antes.

Convide sua amiga que está passando por uma fase difícil para tomar um sorvete, um litrão, passar uma tarde no cinema ou simplesmente para ir bater papo na sua casa, sem compromisso ou horário para terminar. Pode ser o momento que ela precisa para abrir o coração, chorar as mágoas, pedir um conselho... ou só falar muito, sem ser julgada ou interrompida, para se ouvir e compreender o que vem se passando com ela.

so-ro-ri-da-de

Relação de irmandade, união, afeto ou amizade entre mulheres, assemelhando-se àquela estabelecida entre irmãs. União de mulheres que compartilham os mesmos ideais e propósitos, normalmente de teor feminista. Sororidade é sinônimo de irmandade.

SEJA ESSA OPORTUNIDADE DE CLAREZA, DE AUTOCONHECIMENTO, DE LUZ OU DE SUPORTE.

Nós só podemos nos considerar mulheres empoderadas quando empoderamos outras mulheres também. Esse círculo de virtude e de empatia é que nos fortalece e faz da nossa luta algo realmente significativo. Nós, mulheres, temos que nos cuidar. Todas nós ganhamos quando temos suporte uma das outras. São eras de desigualdade que precisamos vencer todos os dias, desde a louça da sua mãe, até o empreendimento da sua amiga.

QUE A PARTIR DE AGORA NÃO SEJAMOS MAIS UMA BARREIRA UMAS PARA AS OUTRAS. QUE SEJAMOS APOIO, COLO E INCENTIVO. QUE SEJAMOS IRMÃS, DE VERDADE. ME PERDOEM O TOM IMPERATIVO.

Mas não podemos esperar mais.

MOMENTO *interativo*

A LISTA DAS MANAS

Nada melhor do que reconhecer as manas que foram importantes e decisivas na sua vida. Lista aqui cinco delas e o que fizeram para que você pudesse se tornar uma mulher melhor. Se achar que vale, tire uma foto da sua lista, poste nas redes sociais e marque as mais especiais. Lembrar e agradecer é fundamental.

Depois, liste cinco amigas que você pode apoiar de qualquer forma carinhosa. Sempre tem aquela amiga precisando de um apoio, de um carinho, de um pouco mais de amor. Mas não fique só na lista ou na intenção. Faça acontecer, todas saem ganhando, desde que seja de coração.

MANAS IMPORTANTES:

1. ______________________________

2. ______________________________

3. ______________________________

4. ______________________________

5. ______________________________

MANAS AMIGAS:

1. ______________________________

2. ______________________________

3. ______________________________

4. ______________________________

5. ______________________________

CAPÍTULO
9

Viva, ame e lute como uma garota

ACHO QUE A FICHA AINDA NÃO CAIU. ESCREVER UM LIVRO ERA UM SONHO TÃO DISTANTE, TÃO UTÓPICO. PEGUEI GOSTO PELA COISA TÃO antes de ter um canal, antes mesmo de sequer pensar nessa possibilidade. Escrever era a única forma que eu conhecia para me expressar até então.

E é por isso que acho este livro tão significativo. Foi lendo e escrevendo que eu aprendi a questionar, analisar vários raciocínios diferentes para montar o meu, expor o que penso. Nem sei como agradecer o privilégio de realizar o sonho daquela menininha tão rápido. E estou mais agradecida ainda por saber que eu estou, mesmo que minimamente, instigando isso em outras mulheres:

O QUESTIONAMENTO, O APOIO E A ARGUMENTAÇÃO. FODA.

Quando recebi a proposta para escrever este livro, estava em uma daquelas fases malucas. Ainda não sabia que ia trancar a faculdade, passava todas as manhãs e tardes estudando e desafogando minha caixa de e-mail, gravando para o canal à noite. Não tinha a menor ideia de como seria o processo de criação de um livro e é óbvio que eu fiquei, sim, insegura. Queria muito que este livro se comunicasse de um jeito muito honesto com quem o lesse.

Que se relacionasse com mulheres de contextos muito diferentes, mas ainda reconhecendo todos os meus privilégios de uma mulher branca, magra e de classe média. É um recorte a ser considerado. Longe de ser um exemplo de vida, eu quis me colocar na posição de uma amiga daquelas que a gente vê de vez em quando e que sempre ajuda saber que ela também já passou por algo parecido. Espero ter feito um bom trabalho.

Este livro

é uma prova de como não existe o momento perfeito para começar algo nosso. Eu achei que trancando a faculdade teria muito mais tempo para me dedicar e seria a oportunidade perfeita. Mas meu barco enfrentou novamente águas difíceis. E eu sabia a importância deste livro para a minha saúde mental, para a menina que eu sou e que eu já fui e, principalmente, para a transformação social que a informação causa. Especialmente durante a adolescência e a juventude.

a-gra-de-cer
Demonstrar ou expressar gratidão; oferecer graças; reconhecer, dar uma compensação de mesmo valor ou importância; retribuir.

ESTOU MUITO ORGULHOSA DE TER DIVIDIDO ESSAS ÁGUAS COM VOCÊS.

Gostaria de te agradecer por estar apoiando o trabalho de uma mulher. Ou melhor, de mulheres. Do momento em que pisei na editora até agora, eu só trabalhei em conjunto com mulheres para esta produção e isso foi muito reconfortante.

{ SABER QUE ESSE LIVRO É REALMENTE FRUTO DO TRABALHO DE MULHERES QUE ENFRENTARAM TANTAS DIFICULDADES NO MERCADO DE TRABALHO E FORAM ATRÁS DO QUE SABIAM QUE ERA DELAS POR DIREITO: O ESPAÇO. }

Por favor,

continue apoiando outras autoras, diretoras, pintoras, engenheiras, advogadas, dentistas, médicas, arquitetas, atrizes, dançarinas, fotógrafas, publicitárias, pedreiras, cozinheiras, designers, marceneiras e professoras. Todas elas precisam de mais oportunidades e seria lindo se você pensasse em uma mulher quando precisar de uma profissional.

AOS POUCOS, TEREMOS MAIS EQUIVALÊNCIA NO MERCADO DE TRABALHO.

Espero

que, depois deste livro, você reconheça um pouco mais qual é nosso papel enquanto mulher em cada um dos ambientes em que vivemos e como podemos ajudar outras mulheres. Que você tenha se sentido acolhida em cada uma destas páginas, até nas mais incômodas. O incômodo também é humano e, muitas vezes, necessário. Que este livro seja um incentivo para você reavaliar as posições em que te colocaram e se colocar onde você quiser. Eu juro que você pode.

Lembre-se que metade deste livro é seu. Você tem espaço para escrevê-lo junto comigo em cada capítulo, justamente porque eu não me tornei essa mulher sem o apoio de outras mulheres. Se você ainda não preencheu os espaços interativos, volte, preencha, no seu tempo.

Pode parecer simples, mas pensar no nosso comportamento é fundamental para crescermos enquanto pessoas. Vale escrever fora das linhas se tiver ainda mais coisas para serem ditas, pintar os meus desenhos, completá-los, criar outros em cima deles, escrever em uma folha à parte ou até emprestar para uma amiga que tá sem grana. Todas estas páginas foram escritas para serem incentivo. Seja a mulher que você quer.

OBRIGADA,

de todo meu coração.

CONTINUAMOS JUNTAS,

DE PEITO ABERTO PARA ENCARAR O MUNDO E REINVENTÁ-LO NA MEDIDA DO POSSÍVEL.

Foi uma honra ser sua co-autora.

MOMENTO *interativo*

AGORA É COM VOCÊ!

A sua última contribuição a este livro é de retribuição. Eu quero saber o que você mais gostou nesta nossa obra conjunta. Compartilhe uma foto ou um texto que traduza uma reflexão, aprendizado ou identificação que este livro, escrito a tantas mãos, tenha te provocado. Use a hashtag #PorTodasNós. Além de mim, muitas outras mulheres também poderão ler. Que os sentimentos e aprendizados que brotaram deste livro transcendam as páginas e ganhem o mundo! Você é foda. Segue o baile.

Primeira edição (julho/2018) • Quinta reimpressão
Papel de Capa Cartão Triplex 250g
Papel de Miolo Offwhite Lux Cream 70g
Gráfica Grafilar